男人谈恋爱谈的是什么

那些在恋爱中
叫作男人的生物

BEN FANG DE
ZHAO CAI MAO

WORKS

奔放的
招财猫

/著

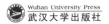

Wuhan University Press
武汉大学出版社

图书在版编目(CIP)数据

男人谈恋爱，谈的是什么/奔放的招财猫著.—武汉：武汉大学出版社，2016.3（2019.9重印）
ISBN 978-7-307-17669-0

Ⅰ.男… Ⅱ.奔… Ⅲ.男性－恋爱－通俗读物 Ⅳ.C913.1-49

中国版本图书馆CIP数据核字（2016）第050913号

责任编辑：刘汝怡　　　责任校对：火　火　　　版式设计：刘珍珍

出版发行：**武汉大学出版社**　　（430072　武昌　珞珈山）
　　　　　（电子邮件：cbs22@whu.edu.cn 网址：www.wdp.com.cn）
印刷：天津兴湘印务有限公司
开本：880×1300　1/32　　印张：9.5　　　字数：235千字
版次：2019年9月第1版第2次印刷
ISBN 978-7-307-17669-0　　定价：56.00元

Contents

目录

Chapter 2 姑娘，这段爱情你有把握吗？

Chapter 3 爱情的正确打开方式

Chapter 4　渣男比火和盗贼更难防

Chapter 5　姑娘，他为什么不要你了

Chapter 6 男闺密的种种事迹

Chapter 7 为男人正名

推荐序/
以女人思维恋爱,以男人思维相守一生

文/麦小禾禾

一直很想知道那些和自己性别不同的人,对待事物的看法是怎样的。于是,便和奔放的招财猫讨论了很多关于男人和女人在相同状态下的不同反应和心思,也是这个交谈,打开了我对恋爱体会的另一道门。

因为我发现,其实在恋爱当中,男人与女人的看法往往是不一样的,而这些不一样的看法经过语言表达或者肢体表现所传达出的效果也是不一样的,于是造成了两者在恋爱中的分歧,也就是矛盾源。

记得曾经听过这种说法:如果不是为了传宗接代,男人其实更愿意和男人在一起。当然,这只是一种玩笑的说法。但是在生活中的人表现则是,两个异性短时间内可能更容易相吸,但长久相处的话,两个男人之间

的分歧确实要比一男一女之间的分歧少很多。

例如，当一对男女吵架的时候，女人关注的大多是情绪点，比如特别在意男人在这个吵架过程中所流露的状态或是语气，而男人则会一直反复问：我哪里做错了。

是的，男人更倾向于指向事情的源头，而女人更关注所有的情绪。

所以，即使在这个可能会降低智商的爱情中，男人也会保持着几分理性。如果双方只是为了聊一聊，随便谈个恋爱感受一下青春，从此各奔前程，相忘于江湖还好。若两个人想要终老，那么应该怎么办呢？

毕竟一个感性一个理性，这样的摩擦阻力也太大了。

这个时候，就需要讲究方法了。我们需要去了解那个我们想要终老一生的人内心的想法，只有这样才会增加携手一生的可能性。

我在没有恋爱之前，对恋爱有很多自以为是的认识，其中包括我应该遇到一个怎样的人，在遇见这个人的时候，我们要有怎样的相处方式，因为这样的方式，我们才可以拥有怎样的生活……甚至，会对我的爱情提出很多明确的要求。

我恋爱了之后才发现，其实我们谈恋爱的对象不一定恰好是你脑子里那个充满明确要求的虚拟人。其实，你的恋人有好多条条框框都无法完全符合你的要求，但是两个人仍然走在一起谈恋爱了。

在这个恋爱过程中，也会产生很多的摩擦，比如对行为习惯的摩擦、对事物看法的摩擦、对饮食爱好的摩擦、对看电影选项的摩擦，等等。两个人渐渐因为这些小的摩擦争吵，也因为这些小的摩擦消耗着彼此的感情，或进或退。逐渐地，在爱里如何做选择都成了摆在面前的问题。

每当这个时候，我都会想，是不是因为我面前的这个男人不适合我，如果我按照自己的条条框框找到一个完全符合的男人是不是就不会有摩擦了？后来我发现，其实不是的，两个人的摩擦是现实生活中的摩擦，这种摩擦是两者思维方式不同所导致的，就像两个人在爱情里的不同看法，造就了他们接下来不同的做法一般。所以，如果以女人感性的思维去恋爱，会谈一场轰轰烈烈的恋爱，在这场爱情中，两个人由着情绪去尝试爱的可能，去给爱情造许多虚幻，但是这样的爱情太累，也不一定有结果。

所有太过虚幻且不落地的想法，都要经过无数次打磨才有可能落地，爱情也是。

例如，我有一个女性朋友多次遇到渣男而不自知，作为女闺密的我们给出的意见也不能直接有效，这个时候反而是她的男闺密一针见血地告诉她，这种男人要不得！然后噼里啪啦地说出一大堆理由和问题所在。而正当我们好奇的时候，男闺密说：**"因为我是男人，我最了解男人。"**

再例如，我有一个女性朋友与一个暧昧对象暧昧了很久迟迟不能被表白，我们这些女闺密分析了很多战略战术都不能实际运用，她的男闺密则只出了一招，就探出了对方的虚实。当然，究其原因，他仍旧是一脸得意地说：**"我们男人不这么考虑问题，你们都走偏了。"**

诸如此类，其实不难发现男人与女人不仅在恋爱的相处中，所产生的思维大相径庭，而且在恋爱前或者恋爱后的表现也有着很大不同。

恋爱其实并没有这么简单，在爱情中若想相爱容易，若想共度一生则真的需要动一动心思，好好研究一番。

之前，我一直以为恋爱最主要的就是两个人互相喜欢，然后带着对未来的憧憬一起走进婚姻，从此过上幸福快乐的生活。但是后来，当我经历了恋爱、分手、恋爱，当我走过恋爱的每一个步骤，走到婚姻面前的时候，我才发现，其实恋爱中两个人的关系不仅仅有恋人这一层关系，光有这一层关系，根本不足以让两个人走一生。还有一层更重要的关系，是战友关系。

战友，顾名思义，就是战斗在一起的朋友，这个战斗并不是恋人之间的战争，而是两个人结成联盟，一起去对抗生活中可能出现的所有困难，共同担当所有的磨难。

这个时候，这份感情才会趋于成熟。

所以，细细想来，光有女人在感性恋爱中的一腔热血是不足以支撑起婚姻的。婚姻是把平凡的日子过得闪光，相守一生则需要理性的情感去面对生活中可能出现的问题，将生活中的无趣变得有意义。

而当你想要将一份感情发展成携手一生的时候，就需要翻开本书了。

去了解你的战友，去了解这个将要和你一起打好人生这一仗的战友在想些什么，只有这样，你们俩才能越来越有默契，彼此的心才会越来越靠近。

自序 /
当我们谈论技巧的时候，我们就会忘了爱

前段时间应朋友的邀请去讲了一堂算是课的课，其实也就是一些人瞎聊，我们坐在一起聊小成本剧本的写作方式。

有个姑娘提出，如果是以爱情为主题的故事即使再烂也会比较好卖。至于怎么去写男女主角的对手戏才会更精彩，往往可以设置很多的冲突，男人与女人之间除了外在设置的冲突之外，本身也是有着很大的冲突的。

那天晚上回来，我登录公众平台，照常有不少人问我一些情感困扰，我忽然就想起来那个姑娘在下午说的，男人与女人之间，本身也是有着很大的冲突的。

我总觉得写一本男人剖析男人恋爱心理的书似乎挺没意思的，好早之前网上有一个有意思的论断是说女人一天的情绪可以把所

有的QQ表情都用一遍，而男人一天的心情大概只是一个平淡的笑容。所以，基于这种理念，似乎写一本女人的心理解析要比写一本男人的心理解析更有用且更实用，毕竟女人真是太丰富了。

但我还是写了本书，有一个重要的原因是我身边的人一直在问我很多类似的问题，包括我的女朋友，她几乎每天都可以有三千个不同的问题。

她很热心，周围有很多女性朋友遇到感情问题都来找她参谋，于是我就成了受害者。她会问我，"为什么你们男人在恋爱初期的时候温度能达到120度，到了恋爱中期连60度都达不到，这是不是说明你们把女人骗到手了就不珍惜？"还有诸如，"如果有一个脾气特好勤俭持家却长得普通穿着土气的女人和一个长得特漂亮打扮也好，什么都不会做，但是性格不错的女人你会选哪个？""你们男人分手了，在什么情况下会对前女友念念不忘？""初恋在你们男人心目中是什么存在？"

总之，诸如此类琐碎而又用一两句话解释不明白的问题，每天都问我。

后来，因为回答多了，我专门开了个专栏去讲爱情的正确打开方式，再后来，就有了本书最开始的创作初衷。

所以，诚如你们所看到的，本书的内容大概就是站在男人的角度去讲男人恋爱中的很多问题。例如，女朋友总喜欢说分手，男人会怎么想；什么样的女人更具有魅力；男人有没有失恋的糗态；男人的爱是否都是有目的的……

刘勰在《文心雕龙》里说"操千曲而后晓声，观千剑而后识器"。那么谈恋爱这件事是不是也像练兵一样，需要熟读兵法，多加练习？练习多了，是不是就成了恋爱达人？

显然不是的。

这并非是一本能够培养恋爱高手的书，而且我觉得世界上大概不会有一本书能够教人成为高手，就像是没有一本武功秘籍可以让人炼就天下无敌的功夫一样。

本书只是提供一种沟通了解的途径，让读者去了解男人与女人之间的差异性，去了解男人在某些时刻的想法。了解得越多，越可以让两个人在恋爱之中多一些理解少一些障碍。

如此这般，大概就是我写这本书的目的以及它的作用所在。

但是，爱情这件事，我是不推崇技巧的，因为技巧是死的，恋爱是活的。即便我们知道技巧并且自如地发挥到爱情里，也不一定能够把爱情谈得舒服。只有用心去爱才是爱情的唯一技巧。

当你翻开本书的时候，我希望你能够当作走进了一扇门，这扇门里有你修炼"功夫"学习"技巧"的地方。但是当你合上本书的时候，我希望你在恋爱中忘却那些虚无的招式，在实践中见招拆招。

愿天下有情人终成眷属。

♥
♥
·
·
♥

Chapter 1

当男人在谈恋爱时，他们在谈什么？

〔 *爱情与事业的天平怎么摇？* 〕

　　我收到过一封情感求助的信，是个姑娘写来的。她在信里说男朋友特别忙，总见不到他，一个月甚至有时几个月才能见一次。她知道男朋友工作的忙碌程度，也经常出差，于是她试着去理解，但是她还是怀疑男朋友到底爱不爱自己。姑娘说如果对方爱的话那就忍着，等待着修成正果。可是，她不确定，真的不确定……

　　暂且称呼他们为担忧姑娘与出差先生，他们的故事是这样的。

　　两人的相识是朋友介绍，在网上聊了几句之后就见面了，感觉还不错，就试着交往。担忧姑娘是做新闻网站编辑的，朝九晚五，也不加班，就是周末节假日的时候在家里更更新闻，还算是比较轻松。出差先生是做销售的，销售产品是手机元器件，薪资跟业绩挂钩，平时需要东奔西跑，为了建立其他地区的合作还得出差，一出差就是很长时间。别说周末了，就是节假日也不稳定。

　　担忧姑娘也理解出差先生的工作特性。出差先生的工作特性还有一点，算是别人羡慕的，就是时间比较自由，可以在工作日，相对自由地支配时间。

担忧姑娘和出差先生居住在同一城市的不同城区，实则不远，打个车半小时就能碰面。担忧姑娘在信里说同城恋爱谈得跟异地恋似的，见个面都难，经常一个月见一面。

担忧姑娘很苦恼。

俩人恋爱一年多了，担忧姑娘工作上有了一个提升，做了小组长，薪资方面也有所提升，而出差先生的工作还是老样子，维持着老客户。

如果这样的话，这里面就存在着诸多的不合理，出差先生工作忙，他的状态应该是一个努力上进的状态，不求"加官晋爵"，但也不能原地踏步吧。

如果近期并没有在工作上有什么大的想法，那何不解放一下自己，别让自己那么奔波那么累，多抽出点时间跟女朋友相处，感情的进步也是进步啊。

担忧姑娘也有这样的疑问，她开始追问男朋友爱不爱自己？男朋友每次都不假思索地回答：当然。

可当担忧姑娘提出见面的时候，出差先生大多是以各种理由拒绝，诸如：在外面、见客户、出差了、太累了，等等。

几乎每一次的见面都是担忧姑娘主动提出的。

担忧姑娘还在信里提到一件事，某个周末她约出差先生看电影，票都买好了，电话打过去，结果出差先生说出差了，正在高铁上。

担忧姑娘从电话那头安静的程度辨别，这不像在高铁上，于是前往了出差先生的住处。正巧遇到送外卖的小哥敲开了出差先生的门，趁着出差先生开门取外卖，担忧姑娘现身，识破了他的谎言。

那次，两个人大吵了一架。

担忧姑娘一直质问他为什么要骗她？是不是不想见她？是不是不爱她？

出差先生一直强调她想多了，他只是单纯的很累，不想见任何人，想好好休息。

从她的信中可以隐约得知两个人的感情是不健全的，中间肯定存在着某种连担忧姑娘自己都不知道的隔阂。不然，出差先生根本没必要撒这个谎。直接说很累不想约会就想在家睡觉，也应该是没问题的，没准女方还会默默地买一堆吃的喝的过来，陪他躺在床上，想聊天的话就说几句，不想聊就听着彼此的呼吸声入眠。

信里，担忧姑娘最后问他是不是不爱她？

她的信描述得有些支离破碎，线索模糊，其实感情的事情用文字是很难表述的，何况当局者迷。我给她回过信，问她和男朋友之间有过闹分手的经历吗？如果有，闹分手的原因是什么？

担忧姑娘回复我：有过一次，还是因为工作问题。

据她说两人之间长谈过一次，出差先生表示感情在不出问题的情况下还是以事业为重，把大部分的精力放在工作上，尽快升为区域经理，这也是为了将来两个人能有一个坚实的经济基础，让爱情更牢固一些。担忧姑娘则希望，出差先生还是以她为核心比较好，钱可以两个人一起赚，应该多陪陪她，多在一起，捧着她，让她像个小太阳。

出差先生说担忧姑娘不明白他的社会压力；担忧姑娘说出差先生不把她放在心上。

最后双方都不肯让步，闹过一次分手。后来还是出差先生先求和的。

怎么说呢，从男性角度出发，大多数的男性肯定希望首先有很好的经济条件，然后才能拥有美好的爱情，甚至有些男性直接认为，没钱谈什么爱？没资格。

其实这也挺好理解的，人的精力是有限的，如果注重事业，爱情肯定差一点点，若是注重爱情，事业上的进步肯定是慢一点点。确实有男人可以把事业和爱情并列放在第一的位置上，他们有能力把爱情与事业的天平稳定住，但是这种男人在事业上很少有大起色，够花就知足，爱情和和美美，也不奢求有多轰轰烈烈。

从女性角度出发，肯定是希望有一个能宠她的男人，爱她宠她的同时，能有点钱就更好了。

男女双方都没有错，都是以自身角度出发的。换句话说，人人都是自私的。

首先，信中出差先生的态度肯定是以他的工作为主，把女朋友放在了次要的位置，或者是更靠后的位置上。以信中表述的出差先生的工作能力，可见一斑。把天平偏向了事业上，看似努力实则偷懒不做成绩，还口口声声为了以后两个人能有一个更坚实的经济基础，让爱情更牢固。

老话说成家立业，家和万事兴，都是以家字开头的。况且，你做的是事业吗？充其量就是打了一份工，别老拿事业说事。

所以，天平的问题并不是重点，重点是他够不够爱。

如果他够爱你，爱情与事业的天平肯定会倾向你这一边。可是面对生活的压力，他还需要赚钱养你。就算是他把天平偏向事业一边，也不会抛弃你这一边的，他会尽力去平衡。只要他足够爱，他就有这份心，有时候天平偏一点也无可厚非，但你知道，他有这份心就够了，他所有的努力都是为了你们俩更好。

〔男人在恋爱中有压力吗？〕

男人在恋爱中有压力吗？我想这个问题提出来肯定会遭到广大女性同胞的耻笑：开什么玩笑？堂堂七尺男儿谈个恋爱还谈出压力了……

答案是肯定的。除了社会外界给男人带来的压力外，男人在恋爱中也有诸多压力。恋爱中的压力必须引起重视，处理不当轻则分手，重则失去更多。男人的恋爱压力大致分为以下几项，特此列出，希望有心人可以巧妙地避免、缓解和疏导。

吵架

吵架是男人恋爱压力中的主要来源之一。有这样一个比喻，说一个女人等于五百只鸭子。试想一下五百只鸭子在你面前聒噪会是怎样的场景？着重强调一下，这里没有丝毫贬低女性同胞的意思。

尤其是跟五百只鸭子吵架，定然是吵不过的。

女人爱吵架，这好像是她们的一种技能。而男人怕吵架，尤其是怕跟女人吵架，因为骂不得打不得以及讲不得道理。

当我们爱的女人与我们吵架的时候，我们能怎么办？只能默默承受来自另一半的"攻击"。如果还嘴，好，她就会说，"你不爱我。"如果默不作声，她就会说，"你竟然对我冷战，你不爱我。"

唯一的解决办法便是哄哄哄。可是在情绪不好的时候，"哄"也会打折扣。女人面对打折扣的"哄"，或者语气、态度不好的"哄"，战争肯定会加倍升级的。

每一次的争吵，都会给我们的爱情烙上一道细纹，当细纹积累得多了，爱情就像一只花瓶一样，碎掉，碎成粉末。

就算吵架不会给男人带来压力，也别轻易去争吵。

谈钱

朋友小e是做网页的，在他上了两年班之后决定辞职，选择了单干。小e之前上班挣得不少，但辞职创业总要付出一定的代价，例如，经济上面的空巢期。

小e辞职创业，女朋友一开始还是很支持的。

刚辞职那会儿，小e还能接点活，挣的钱比上班的时候还多一点，但缺点就是不稳定，有时一连两三个月都接不到活，平均收入根本不够花。

小e的女朋友跟他是同一家公司不同部门的平面设计，原本收入差不多，这下甩了小e几条街。

此后的很长一段时间，小e的收入极其不稳定，都要靠女朋友养活。他也着急，他的女朋友更着急，从一开始的鼎力支持到后来的催促他重新找工作。

小e跟几个朋友一起注册了一家广告公司，正是起步最困难的时期。

两人经过一场争吵后，女朋友说给他半年的时间，如果半年时间小e还是挣不到钱，就老老实实去找个工作，她不想嫁给一个不为他们未来着想的人。

可是这半年之内，他们发生过无数次的摩擦，每次女朋友都会跟小e强调"是我在养着你"这个事儿。

这是事实，小e没什么好反驳的，只有忍着，努力翻身。

创业哪是一件容易的事儿，且不说里面的种种辛苦与辛酸，就单看你家附近的一条街上，有多少店面开了关关了开，转让、换人，来了走，走了来。

小e承受着创业与爱情两重压力，有点吃不消，与女朋友的摩擦也越来越多。那天小e很苦闷，找我聊天，他说他很理解女朋友，一个人挣的钱两个人花，生活水平也下降了不少，而且自己很长一段时间没有挣到钱了，她心里一定很不平衡。但是每次争吵谈到钱的时候她的话就像刀子一样插在小e的心上。

小e有时候在想，不如就这样算了，分开吧，等他挣到钱再把之前花女朋友的钱还上，能和好就和好，和不好也不强求了。

这个时候是感情最脆弱的时候，压力下两个人都不想这么累，如果小e提出分手的话那对方也一定会同意吧。

在这种环境下，并不是两个人不爱了，而是压力比爱不爱来得更让人无法喘息。

我开导了小e很久，并没有什么成效。他还是决定去找女朋友摊牌。

庆幸的是，他的女朋友不但没有同意分手，还指着小e的鼻子骂了一顿："半年期限还没到呢！好好给老娘创业，老娘等着你发达后带我吃香的喝辣的呢！虽然我每次都拿养你说事儿，我是希望你记住我，别以后厉害了，成大款了不要我，男人有钱就变坏，我得防着点……"

被骂完之后，小e就像打了鸡血一样，加倍努力，公司也渐渐地走上了上坡路。

最终，小e和女朋友守得云开见月明。

爱情侦探

男人在恋爱中的压力还来源于找了一个"侦探型女朋友"，她不放心或者对你没信心，抑或是天生好奇心作祟，总是找机会查看你的手机、邮件，甚至还会跟踪。

跟踪，尤其是恋人、配偶、前任之间的跟踪，最为常见。

姑娘，尽量不要去过分查看男人的手机，请多给你的另一半一些信任。如果你怀疑，大可光明正大地说出来，两个人泡壶茶，坐对面，聊聊天，聊一聊近况，聊一聊你所担心的事，比你私自偷看手机效果要好得多。

如果你是一个侦探，那么你男朋友会觉得没有安全感。没错，男人也需要安全感，男人更需要信任，也更需要私人空间。不要让你们的爱情喘不过气来。

手机属于私人物品，邮件属于私人信息。

反过来想一想，如果你男朋友总是背着你查看你的手机，就算你正大光明也会不开心吧？

〔狩猎:
小鹿快跑〕

有人说,真正的恋爱是不需要追的,应该水到渠成,也有人说,考验一个男人是不是真的爱你,就要给他设置诸多障碍让他追得辛苦。

那么,男人的求爱过程究竟是什么样的?

无论是哪个时代,游戏一直存在,这个时代的虚拟游戏的发展尤为迅速,消费游戏的主力人群以男性为主。和平年代,没有战争,天生追求存在感的男人如何在和平年代找到存在感呢?虚拟游戏可以轻而易举地帮他们实现这个目的。

其实自古以来,男人与游戏就是挂钩的,从狩猎到战争,从奥运会到WCG电竞比赛。

所谓的游戏人生,是从男性角度出发的。

生活,也是男人一场偌大的游戏,恋爱是生活的一部分。"恋爱"也是男人爱玩的一款游戏,男人的求爱之路就是一场游戏,关卡是女人设计的。

只不过,有的男人蠢笨一点,恋爱玩的是闯关游戏,费劲。有的男人聪明点，恋爱玩的是狩猎游戏，追求的是刺激。

下面简单地说一下男人们爱玩的狩猎游戏，好姑娘们自行判断，男人是否真心，留一手"防身"。

节奏

把你当作猎物的男人，非常擅长控制节奏。深知追求的节奏不能太紧也不能太松，应当恰到好处，冷热交替。一开始，他会对你充满热情，当他调动起你的热情之后，便冷却下来。这时候你热了，想贴过去，却遇冷了。你很纳闷，这是什么情况。于是你开始探索，主动走进他的圈套里。

你在圈套里转了几圈，发现不得要领，于是想退出去，你渐渐地冷了下来。就在你即将退场的一刹那，他又拽住你，用热情把你拉回圈套里，于是你开始思考，这是怎么回事？就算再简单的道理，当时你也想不太明白，因为当局者迷。

热了一段时间，你觉得很受用，于是决定把你的怀抱再打开一个缺口，试着迎接他。他却又冷了下来，牵着你走。于是你又开始思考，是我的问题吗？是不是我不够真诚？他对我那么好，我却还有所防范。

翻来覆去几轮，你就彻底晕菜了，成为待他宰割的羔羊。

他控制节奏，就是要让你神魂颠倒，在你的脑海里制造旋风，让你时刻想着他，思考你们之间的关系，他才不管是哪种想，只要他存在于你的脑海里就够了。

他占有绝对的主动权与控制权。

细节

每个女人都想被照顾着，也喜欢被照顾着，都渴望有一个爱自己的男人对自己无微不至的照顾。大到安全问题，小到生理期烧热水。

你跟一个男人第一次约会，你们约在一家餐厅见面，他比你先到，耐心等你。你到餐厅门口他起身迎接，接过包包和大衣帮忙挂起来，既拉椅子，又请你就座。你可能很欢喜，他好贴心好懂得照顾人，简直就是绅士。

没错，无可争议，处处做到女人的心坎里，这是贴心的表现，但是这还说明，他很了解女人，更说明他是情场老手。

所以，一个在细节上特别注意且细节上让你特别受用、特别感动的男人，你一定要小心。尽量把时间战线拉得长一点，一个人可以对你持续五分钟的细微关照，甚至是一天、两天、一个星期、两个星期，但是绝对撑不了一个月、两个月。

时间会让你看清一个人。

如果两个月他依旧对你无微不至，对你的照顾特别精心，那么恭喜你，你可能遇到了一个视你如生命的恋人。

如果他在一个星期后全身而退，那么也恭喜你，你避免了一场不靠谱的恋爱。

珍爱生命，从远离不靠谱恋爱开始。

赞美

世界需要赞美，女人更需要赞美。

也许所有的溢美之词，都是用来拉近关系的，尤其是男人和女人之间。

如果一个男人能用很多天花乱坠的词夸得你花枝乱颤，那么他不是作家就是"豺狼"。

感情的表达若是真情流露的，那这种真挚的感情永远令人感动。如果他用了太多华丽的辞藻来修饰你的美丽，虽然好听，但是刻意。

刻意的东西需要甄别，只要不被华丽的表现蒙蔽，冷静地想一想，就能辨别出来。冷静下来，你也就知道你是想成为猎物，还是想要一段平等的恋爱。

推倒

所有的恋爱关系中，男人都有一个终极目的，那就是推倒。没有哪个正常男人只想跟你来一场精神上的共鸣，且一直精神共鸣下去，那肯定是不正常的。

良好的爱情肯定是精神与肉体的双重享受与升华。莎士比亚说：没有肉体的摩擦，哪来灵魂的火花。

在这些共识的基础上，又是怎样的呢？

都说男人是下半身思考的动物，那么晋升为猎人的男人——他们的大脑和下半身都会思考。如果他的每一步，都是为了推倒而做的铺垫，请你尽快逃走吧。

那么怎么辨识猎人每一步的目的呢？

比如你们刚刚开始恋爱，他总是约你看凌晨首映电影；约你到他家里吃饭；约你去旅行……都可能是猎人进攻的步骤。

后文中会提到"男人约你去旅行的真正目的究竟是什么"会着重表达一个观点，一般而言，男性是不爱带女性去旅游的，因为旅行是一件很辛苦的事情，女性反而是一个"累赘"——从体力到"矫情"、从大姨妈到路痴症，等等。

显而易见，目的是多么的单纯且明显。

生活需要恋爱，它是我们享受生命最重要的过程之一，我的意思并不是所有的男人都是坏人，你只是需要防备防备再防备。

总之，与男人相处有风险，恋爱需谨慎。

但是，爱情来的时候，挡是挡不住的。

〔在酒吧里
男人都聊些什么？〕

前一段时间有个女性朋友在微信上敲我，问我男人在一起都聊些什么？

我愣了几秒，告诉她聊女人。

她继续问，除了女人还聊什么？

她想知道这个问题的原因是发现男朋友参加聚会不太想带上她，总是以"纯爷们派对"拒绝她，所以她迫切地想知道男人们都在聊些什么。

这么隐私的事情本不想告诉她，但是她晓之以情动之以理以广大的女性同胞要挟我，我只好妥协了。

我们的据点是楼下的酒吧，大家离得都不远，招呼一声步行就能过来，那么，在酒吧里男人们都聊些什么呢？

吻痕

距离最近的一次聚会，袋熊（外号，此人四肢粗壮但是眼小脸小，像极了袋熊）姗姗来迟，我在他脖子上发现了一块红色的印记，扒开一看是吻痕，然后大家起哄。

袋熊说是出来的时候女朋友给印的，他明天一早还得去客户的公司开会，着急得不知道怎么办才好？大夏天不至于围围巾吧？

袋熊脖子上的吻痕偏上，衬衣领子挡不住。

L君给大家科普了一下消除吻痕的方法：

不足二十四小时要冷敷，但不能用冰袋直接接触皮肤，要用冰过的勺子背面按摩吻痕所在的部位，对消除刚产生不久的吻痕效果最佳。因为冷敷可以促进凝血，减少血液渗出。

二十四小时以上的吻痕应热敷，促进组织内的瘀血吸收，吃两片阿司匹林和维生素C，前者可以减少血小板的凝聚，后者则能加速组织修复。然后用酒精反复涂擦，一会儿就能让你干干净净。

还有一招牛掰的，贴创可贴，贴之前在吻痕上涂蓝药水，福尔摩斯也不会怀疑。

L君获得满堂彩，就连周围不认识的人都过来鼓掌。在这里我必须郑重声明一下，我们聊的大多数内容都是健康有益的，涵盖了军事、体育、股票、汽车、游戏等，并不是大多数姑娘想象的那样龌龊。

凡是觉得我们龌龊的女生大部分都是断章取义罢了，譬如聊到吻痕的问题，如果一个姑娘从旁边经过听了一耳朵，没听全，只留意了"吻痕"的字眼，那她必然会联想一些不雅的画面以及负心汉之类的形象。

所以，我们是正直且善良的，只是单纯地需要同性别社交，哪怕是不说话，几个老朋友好兄弟在一起玩玩扑克、喝喝啤酒而已。

有这样一个研究数据，男性一天平均要说两千个词，而女性需要说七千个词。白天里男性在公司或者参加聚会很容易把两千个词说完，那么晚上回到家就不想说话，所以女性会认为男性出去聚会之类的活动是万恶的，这导致男朋友在回来之后的大部分时间都会沉默，她们觉得男朋友不关爱不关心，从而引发她们的核能爆炸。

因此，只要男方出去跟朋友聚会在女方的印象中一准儿不是好事。

漂亮姑娘

在男人之间的话题中，漂亮姑娘绝对是不能少的。聊姑娘只是男人之间消遣时间的一种方式，并不代表他们的本质就是坏的。

例如还是在酒吧里，我们所在的位置不远处就坐着一个姑娘，低着头，桌上有半杯酒，手里玩着手机，一个人很孤独的样子。那个漂亮姑娘时不时端起酒抿一口，依旧低着头玩手机，拇指的动作很快，应该是在发信息。

不一会儿，漂亮姑娘点燃一根香烟，意味深长地抽起来。

突然，有一个男人坐到她的身边，漂亮姑娘瞄了一眼挥挥手，男人就走了。

我们开始猜测漂亮姑娘的故事。我说这个姑娘应该是跟男朋友吵架了，一个人来酒吧喝闷酒，喝酒的同时还在发着信息跟男朋友吵架。

大致推测是这样吵的：

男："你在哪呢？"

女："管我？管得着吗？"

男："你赶紧回来。"

女："就不回去。"

……

L君的推测是这样的：漂亮姑娘在等人，那人好像路上堵车或者路途较远，等人的过程中无聊就点杯酒玩会儿手机，有男人过来搭讪，漂亮姑娘就拒绝，说在等人。

袋熊猜测这个姑娘应该是等他过去搭讪。理由是漂亮姑娘坐的位置正对着袋熊，酒的位置也正对着他，姑娘抽烟吐雾的方向也是冲着他吹的，酒、烟、姑娘与他，四点一线。

L君表示嗤之以鼻，我则鼓励袋熊赶紧过去，简直是当代福尔摩斯，推测得有理有据。

然而袋熊并没有过去，他就是单纯地意淫了一下，大家笑笑就得，不会做出任何行动的，因为袋熊很爱她女朋友。

袋熊的女朋友也经常过来陪我们一起呆着，聊聊天，扯扯皮。

袋熊的女朋友性格非常好，从不反感我们的私密聚会，甚至还会加入我们的荤段子里，进行扩写，经常让我们这些大老爷们哑口无言。

综上所述，聊漂亮姑娘，我们是认真的，我们也是单纯的，是没有不良目的的。

女朋友的女朋友与男朋友的男朋友

女朋友的女朋友与男朋友的男朋友这个话题具体指的是，我们会聊一些同伴朋友的故事和女朋友的女性朋友、闺密的故事。

如果这件事放在女人身上，就叫作八卦。

没错，男人在一起也八卦。

M君是我们在酒吧认识的，他是一个插画师，经常见他拿着个iPad在角落里点一杯东西涂鸦，见得多了就认识了。刚认识那一段时间也不熟，在酒吧里见了打声招呼，我们聊我们的，他画他的画。

他永远也不会知道我们聊过他。

某天我在酒吧门口看到M君跟一个姑娘在谈话，两个人肢体动作很大，似乎在吵架。很快，那个姑娘瞪了M君两眼便走了，M君转头向着姑娘相反的方向走了。

我把这劲爆的一幕传播给了朋友们，然后一帮大老爷们八卦了起来。有的说M君在酒吧泡了姑娘，事后把姑娘给甩了，姑娘找M君讨个说法。酒保说那个姑娘是M君的女朋友，见过两人手拉手压马路，估计是小两口日常吵架秀恩爱。

后来很长一段时间，我们再也没有在酒吧见过M君，最扯的猜测是他一定被那个姑娘实施报复给分尸了。

又过了一段时间，M君再次出现在酒吧里，依旧在角落里画画，在酒吧门口跟她吵架的姑娘却换了一个。

我们傻眼了。酒保偷偷告诉我们M君离婚了，他的前妻就是第一次跟他吵架的姑娘。至于整件事情的来龙去脉，除了当事人，我们谁也不清楚。

还有一次我们聚在一起很无聊，袋熊的女朋友也在，她就给我们讲了一个她中学女同学的事，说她同学跟一个谈了十年恋爱的男人结婚了。

我们没有提起任何的兴趣，袋熊的女朋友接着说："她在结婚之前怀过孕，孩子后来打掉了。"

我们互相看了一眼，干巴巴地"哦"了一声。

袋熊的女朋友又说："孩子不是她十年男朋友的。"

顿时，我们两眼放光，催促袋熊的女朋友快说，然后我们付出了一瓶超昂贵的酒的代价。

八卦的重点在于猎奇的过程，结果有时候不重要。八卦的重点还在于颠覆你的世界观。第一个M君的事情，属于猎奇的过程，我们对他不甚了解，就像解谜一样，为了解谜还会翻遍他的朋友圈，企图寻找他的蛛丝马迹，用来进一步的佐证推测。

第二个袋熊女朋友的中学女同学的故事，直接摆出结论，颠覆我们常规的认知，当时我们在想，这个姑娘发生了什么？那个与她相恋十年的男朋友脑子里想什么呢？还娶了她？蒙在鼓里吧？

然后就会想知道这个姑娘的近况、她蒙在鼓里的男朋友的近况，等等。

总之，无论男人女人，在一起一定会八卦的，不过八卦也要注意尺度，和谐社会，你我有责。

求婚

没错，就是求婚。男人们在一起，绝对会聊这个话题，尤其是适婚年龄的男人。

我们就曾经凑在一起秘密给Q君策划过求婚，不求感天动地，只求感动Q君的女朋友。

求婚的点子天马行空，大部分执行起来很困难，进度很慢，直到有一天Q君的女朋友找到酒吧来，当场严厉地批评他一下班就跑来酒吧喝酒，只知自己贪图享乐，不把她放在心上。

那件事之后，Q君被禁止来酒吧与我们"鬼混"。

Q君被关禁闭后，我们也聊过各自求婚的时候会怎样做。我想我会找一个最普通的日子，在家里做一桌家常菜，等她回来，就像无数个普通的日子那样，然后吃着吃着突然拿出戒指、鲜花，单膝跪地求婚。

我想，她一定会感动的吧。

我曾经在酒吧里见过一哥们求婚。大约凌晨四点钟，酒吧马上打烊了，我写完稿下来坐一会儿，打算一会儿直接去吃早饭，吃完就回去睡觉。

这即将打烊的时间点酒吧里几乎没几个人了，见一哥们在吧台上趴着似乎睡着了，突然一个姑娘走进来，逛了一圈儿，朝着吧台走去，把那哥们拎起来，然后开吵：

姑娘说："好啊你，可找到你了，是不是我不找你你就不打算回去了？"

那哥们看上去有点微醺，眯瞪着眼说："媳妇，你终于来了。"

姑娘推开他："我问你，还过不过了？不过就散，干脆麻利点，磨磨叽叽还有没有大老爷们样了？"

那哥们说："过，为什么不过？"

然后他从口袋里拿出来一枚戒指，在姑娘面前一跪："接着过！"

姑娘愣了很久，然后接了戒指，把那哥们扶走了。

场面虽然比较惨，但是还蛮感动的。

〔 *男人为什么吃醋**
**以及吃醋的表现* 〕

　　我收到过一封情感求助邮件，那个发邮件的姑娘说她觉得男朋友不爱她，因为从没有见过男朋友为她吃醋过。然后问我一些关于男人会在什么情况下吃醋以及吃醋有哪些具体表现的问题，当时我只想着解决她一个人的问题，所以回答得很粗略，寥寥几笔。

　　后来收到的邮件越来越多，类似的问题也有很多，特此当作一个普遍问题尽量详尽阐述，希望能帮助更多姑娘了解恋爱中这种叫作男人的生物。

　　吃醋其实就是一种没有安全感的表现，而男人也是需要安全感的，当他觉得你们的感情可能会因某个人而变得不稳定时，那么他就会很不爽。

　　我们在感情里的通病便是越爱一个人就越害怕失去，所以在有另一个优秀或者比他更优秀的男人接近你时，他就会感到不安、不爽、嫉妒、讽刺，反正就是获取你关注的一种方式。这一点男人与女人的表现大体相似。

　　而大多数男人吃醋是因为自己的私有物品的分享出现了问题。爱情是自私的，在男人那里爱情以及它的载体——女人都是绝对自私且私有的，不允许任何人分享，甚至偷瞄一眼。

就像小时候我们拥有自己的玩具，玩得不亦乐乎，只要有人来借或者陪着一起玩，我们就不乐意了，这是属于我们自己的，不允许有任何人染指。我们会怕他们把玩具弄坏以及借走不归还。小时候我们寄情于玩具上，长大后我们寄情于陪伴身边的人身上，这种情感大体上是类似的。

男人在感情上是很小气的，这跟以前的封建男权基因有较大关系。我们知道在古代是一夫多妻制的，可以纳妾，纳很多很多妾，男人想着做皇帝，拥眠后宫佳丽三千人。男人让女人大门不出二门不迈，不能轻易抛头露面，即使出面也是跟夫君一起出面。男性强烈的占有欲和控制欲会把女性"圈养"起来，更断绝自己的女人与其他男子私会的可能。

所以男人的吃醋源于内心的强烈占有欲，而女人的吃醋更多的是想"他可能不爱我了"。男人吃醋只会在跟自己势均力敌或者比自己强势的情敌出现的时候表现出来。男人的吃醋是嫉妒、压力、不安和害怕的综合呈现。

具体有如下4种行为表现：

粗鲁行为

我有一个很斯文的男性朋友，脾气特别好，对人也特别贴心，例如他为我们考虑一切细节，开玩笑他从不会生气，一些社交细节会让人觉得非常舒服，我们都称呼他为绅士先生。

绅士先生最近可是不怎么绅士，可谓是烦躁加粗鲁的代言人。

有一次几个玩得好的朋友加上绅士先生和女朋友凑在一起吃饭，绅士先生的女朋友让绅士先生递一下餐巾纸，绅士先生拿了几张纸随手向着女朋友的方向一甩，餐巾纸在空中振翅翩翩了一会儿散落在女朋友的餐盘上，女朋友也没不高兴，把不能用的餐巾纸丢掉，自己拿了几张新的餐巾纸。

这一行为吸引了众人的目光，这是吵架了吗？不对啊，平时吵架都是绅士先生的女朋友粗鲁至极，他每次都是态度好得让人不忍心发脾气。难道是轮到绅士先生咸鱼翻身当家做主了？

我们用求知的眼神看着他们，绅士先生的女朋友摆摆手说："别理他，咱们吃咱们的，这几天他吃醋了，总发神经。"

原来是有个男人总是给他的女朋友献殷勤，一脸追求者的样子。绅士先生知道后特别不爽，女朋友各种安慰以及向他保证也不行，他仍旧会弄出动静以及做出夸张的举动来提醒女朋友——我还在这呢，我是爱你的，你快安慰我，好好安慰我，超级无敌安慰我。

本质上跟我们小时候故意弄坏玩具或者大哭、弄出巨大响动以获取大人的关注和关爱一样。

我们更加跟看猴似地看着绅士先生，原来如此绅士的人吃起醋来是这样有趣。

暴力行为

吃醋后的暴力行为是粗鲁行为的升级版，直接进化为大打出手。具有这种行为的人大多脾气火暴，性格很直爽，他们也许没有那么多感性以及理智思考的东西，只会用自己的拳头捍卫自己的爱情。

如同学生时代我们热血的青春和妙不可言的爱情。两个男孩为了一个女孩大打出手的场面太常见了，同学们还会帮手，或者围在边上呐喊加油，散场之后还是好兄弟或者不打不相识，地上有时候还会留下一层瓜子皮。

学生时代的女生也是非常渴望有男生为自己打架的，那样会很拉风，很有面儿。如果没有男生为你打过架在校园里都不好意思跟人说早恋过。

大学那会儿，体院（体育学院）是最常爆发这样的"战争"的。

记得最轰动的一次是体院和文学院的一场较量。体院有个风云人物，外号流川枫，因为人长得帅球打得好。流川枫的女朋友是我们那届的学姐，也是公认的美女，她还没有跟流川枫在一起的那段时间，追学姐的人能从宿舍门口排到食堂门口，然而当她与流川枫好了之后就没人敢追她了，一方面原因是名花已有主，松土不讲究；另一方面原因是迫于体院的淫威。

文学院有个眼镜男生，也许是只顾埋头学习的原因所以获取资讯的方式较为落后，不知道学姐已经跟体院的流川枫在一起了，他做出了一件令我们男生集体佩服的事儿，公开追求学姐，写了很多很多情诗，然后制作成条幅挂在男生宿舍楼以及教学楼上，心想如此浪漫应该能打动学姐吧。

"好小子，有魄力。"这是当时我们内心的呐喊。

眼镜男生没有等到学姐，却等来了流川枫，他抱着篮球闯进眼镜男生的宿舍下战书："你有种，我佩服，是男人就一对一或者多对多操场较量，周末下午我等你。"

眼镜男生当然不敢去，不仅是体格上的悬殊，还有气场上的差距。

那个下午，流川枫一个人站在操场中间等着，周围跟看巨星演唱会似的，操场空前爆满。后来是教导处的老师过来疏散学生，拿着喇叭喊："你们干什么？造反吗？"

流川枫向教导处解释：他们都是来看我个人篮球秀的，这才避免了处分。

无感行为

说是无感，其实只是表面上不表现出来罢了，为了大男人面子——哼，我一大老爷们为一个小女子吃醋，多丢脸。于是极力掩饰，情敌杀上门也会表现出大将风范岿然不动，但是内心却波涛汹涌百爪挠心。

这种行为特别有趣，明明介意、不爽、愤怒，却硬是憋着，演技好还行，撑得住你要的面子，演技拙劣就会闹出很多笑话。

小洁就这样试探过她男朋友，聊天的时候骗男朋友说好像有个人在追自己，试图约自己吃饭，但两次都被她拒绝了。

男朋友反应了几秒，故作轻松地说：哦，我相信咱们的爱情无坚不摧，即使他再怎么献殷勤，哪怕是把餐馆搬到你面前强行跟你吃饭，我都不care他，多大点事儿。

小洁观察到他说这话的时候有轻微的咬牙举动，然后暗自偷笑，再给男朋友吃一颗定心丸。吃定心丸的原因是别让自己的试探考验造成一些不必要的麻烦和怀疑。

我想如果真有一个强有力的情敌，各方面都特别优秀，"钻石王老五"的那种，那么他肯定绷不住，即使演，也漏洞百出。

鼓励行为

虽然是鼓励行为，但是语气常伴着冷嘲热讽、尖酸刻薄。

例如，你告诉男朋友要跟同事之间小聚，男朋友问你多少人啊？男的女的？你告诉他两三个人的小规模聚餐，有男有女。

如果小聚里面的某个同事正巧跟你平时的关系比较亲密的话，他也恰巧是吃醋鼓励型的男朋友，基本上会说：你去吧，去吧，玩得高兴点啊。

他说这话的情绪基本上没有大的波动，但是请相信我，他的内心是很有波动的。当你聚餐回来的时候，嘴上挂着笑容，脸上带着红晕，身上带着酒味，他的冷嘲热讽、尖酸刻薄的劲儿就上来了：玩的不错吧，开心吧，看样子很嗨啊，还喝了酒。

你随便说一句还行吧。他就会说：行啊，下次接着去啊，再喝多点啊。

如果你呛着来的话他说的话就会越来越过分，话锋还极有可能向着恶毒的方向偏。什么"酒后乱性才好""傻女人""是不是就差一个契机啊""我看关系不一般啊，是不是已经给我戴了顶帽子"，等等。

所以，吃醋表现为鼓励行为的男朋友，应该哄着点，尽量不要吵架，不然带给双方的伤害要远比想象中的大。要知道这些伤害都是可以避免的。

哭泣行为

哭泣行为，可以理解为脆弱、玻璃心和悲观等，非要具体的话我会告诉你，他们真的会因吃醋而哭泣。

因吃醋而表现出哭泣行为的人以悲观主义者以及毁灭性人格居多，他们会朝着最坏的结果去想，或者相信那个幻想出来的最坏结果已经成为既定事实，抑或是会朝着最坏结果的方向去走，直至产生最坏结果。

一个情敌或者根本不是情敌的女朋友的同事或者男性朋友出现，然后在某个时刻适当地亲密了一下或者相互帮忙，而这一切又恰好被他发现了，他会觉得：完了，爱情没了。然后进入彻底悲伤的死循环。

我有个朋友就是这样的，感情丰富加天生悲观，荣获"林妹妹"的外号。

某次，"林妹妹"无意在街上看到女朋友从一家高级餐厅出来，后面跟着一个老男人，然后女朋友上了那个老男人的车。

"林妹妹"瞬间就崩溃了，红着眼躲到我家，我一问他就哭了，也许我不问还好一点，没准他自己还能止住眼泪。

他的电话响了十几遍都不接，就那么看着来电显示的女朋友昵称，黯然神伤、泫然流涕。

最后才闹明白，原来那人是"林妹妹"女朋友的老爸，特地过来看看女儿过得好不好，带着吃了顿好吃的，买了身好衣服，最后塞点钱。

这个乌龙闹得，让他女朋友笑话了他大半年。

〔是不是所有男人都有处女情结？〕

女朋友问我，你有处女情结吗？

我一下愣了，没有当即回答。

说没有那是假的，说多么严重也不尽然。

首先，我回答的是，**所有男人都有处女情结！**

这让我想起我一个大学同学。如果聊这件事儿的话那就文明地称他为士兵先生吧。

士兵先生的初恋是在高三谈的，分手后保持着一年换一个的稳定频率。他第一任女朋友是一个处女，士兵先生很高兴，觉得自己是天底下最幸运的人，百般地对她好。俩人恋爱谈得小心翼翼，珍爱有加。

高考完，俩人相约去旅行，那个女孩以为会发生点什么，做好了充足的准备，但是，士兵先生并没有舍得碰她。

回来后，两个人也是照常联系，一起吃饭看电影之类的。

假期结束，俩人被不同城市的大学录取，女孩主动跟士兵先生分了手。

多愁善感的士兵先生为了祭奠他的初恋，买了一兜啤酒，偷偷地跑回高中学校，在他们下了晚自习经常约会的操场角落里海喝起来，撑得肚子滚圆，然后一边小便一边大哭。脚下的草地被他的尿液与泪液滋润后，来年再次茁壮地见证高中里一对又一对情侣的喜怒哀乐。

青春飞扬的初恋，就被士兵先生一泡尿给淹没了。

大学开学后，士兵先生又痛哭了一次。那是在我们一次社团联谊上，去爬山，爬到山顶后找了一片空地，铺上一块桌布，把四五个背包里的吃的喝的往上面一倒，围坐成一个圈。

飞扬跋扈的二十多岁的小伙子与少女们好像特别偏爱啤酒，那天也带了很多。

士兵先生打开一罐又一罐，闷头喝，喝得前襟与裤裆都湿了，然后眼睛也湿了，哭得像个被渣男糟蹋了的处女，把我们都吓坏了。

过了几个月，士兵先生又一次喝多了才告诉我，那次他为什么哭。那次，就在我们刚刚到山脚下的时候，他收到了初恋女友的短信，得知她恋爱了，还不小心怀孕了，找士兵先生借点钱。

至于士兵先生有没有把钱借给初恋女友完全不是重点。

重点是，那次爬山，士兵先生收获了他大学生涯里第一份爱情——有一个跆拳道社团的姑娘，母性泛滥，给予了士兵先生关爱，于是俩人就在一起了。

大一结束的时候，士兵先生跟跆拳道玛丽苏还是分手了，据说是因为玛丽苏不是处女，士兵先生一压在玛丽苏身上脑海里就控制不住地闪现出她在别的男人身下的情景。

士兵先生又跟几个姑娘试过，无奈大学里处女资源甚是匮乏。士兵先生也不想自己瞎想，但就是控制不住。

毕业后，士兵先生参加了相亲大军，想找个处女好好结婚过日子，以至于他见到相亲对象的开场白统一为：不好意思，我有处女情结，不好意思，我也不想有的，不好意思，请问你是处女吗？

最滑稽的是有一次他的相亲对象是一位带着宝宝的女人，他愣了半晌，下意识地脱口而出开场白。

一年的时间里，士兵先生没有相亲成功，但是领略了各种各样的花式白眼以及不同力道的耳光。

我给他诊断为处女癌晚期。士兵先生无奈地摇摇头说，"再这样下去干脆出柜算了。"

我赶紧制止他，"别冲动啊，处男也不多。"

打那以后，士兵先生沉寂了一段时间，每天泡在酒吧里，不喝鸡尾酒也不喝白兰地，专喝崂山，他说他钟爱崂山的味道。他在操场祭奠初恋的时候喝的就是崂山。

其实所有的男人都有处女情结，大抵是父系社会的遗毒，刻在了基因里。几个世纪都无法根除的病症。

有的姑娘唾骂、痛恨那些有处女情结的男人。

有的男人则背负着有处女情结带来的巨大痛苦与折磨。

所有男人都有处女情结，只是有的人较轻，有的人严重，处女炎与处女癌之分罢了。

那些处女情结轻的，跟一个钟爱的非处女恋爱结婚生子，一路幸福。他们的心里从未有过疙瘩，也可以说这类病患轻得可以直接忽略有处女炎。

如果有的男人拍着胸脯跟你讲，他没有处女情结，你也别不相信

他，他也许就是轻度处女炎患者。

关于处女炎和处女癌的比例，当然是轻度患者占大多数。我们所见到的那些奇葩处女癌都是一些个例，至死方休。

当然，也跟圈子有关系。

拿学校来说，艺术院校、医学院的少男少女们患癌的就少。就拿我们艺校来说，按比例，平均一个男生可以分配到六个半女生，那些翩翩风流少年，一个学期下来要换六到十一个女朋友。工科群里患癌的比例相对要高一点。

放眼社会的话，文艺圈、摇滚圈、演艺圈，很少见处女癌患者。写字楼里的白领、工程师、教师等工薪阶层，患处女癌的比例明显高出平均水平好几个百分比。

幸福都是相似的，不幸却各有各的不幸。我们周围那些相亲相爱以及相爱相杀的情侣，时时刻刻上演着狗血肥皂剧，对他们来讲，爱与不爱才是最重要的。

至于士兵先生后来的故事，我就没有再关注了，因为他回到了家乡。

但愿在家乡他可以得偿所愿。

我也猜想过士兵先生后来的事儿，譬如，他跟酒吧的某位小姐恋爱了，轰轰烈烈。那位小姐根治了他的处女癌，从此幸福地生活在一起。

也许，我的猜想会出现在我的小说里。

生活太多变，谁又知道呢……无论我们经历过多少次失败的感情，被多少人恶心过，被多少人善待过但没有走到一起。最后，我们都会收获一份称心的、永久的感情。所有结局到最后都是圆满的，如果现在还不圆满，那一定是还没有到结局。

〔男人约你去旅行的真正目的究竟是什么〕

我认识一个旅行达人。

某通信软件上的昵称叫作索菲，性别女。个性签名是：人生下来就应该一直在路上，永不停歇地寻找属于自己的生活，否则你就跟你妈商量一下不要出生。

24岁，她已经走遍了半个世界。

多么年轻漂亮且充满活力的姑娘，身高168厘米，体重80斤，瘦得让所有女人羡慕，但是平胸。

不过不影响。

重点是长得好。

精致、性感。

在我的印象里好像所有满世界旅行的姑娘都长得很漂亮。

这是一个问题，我还专门研究了一下，扒身边的朋友，网上找资料，反复印证，是真的，她们都真的很漂亮。

这好像是女性旅行达人的门槛？抑或说，是她们的资本。

索菲做过很多份工作，也在很多地方工作过，例如：韩国洗碗工、日本做模特、北京煮咖啡、上海做酒店体验师、路上写游记，等等。

除了写游记这件事，她的每一份工作都没有太长的，而且由于不稳定，她的收入一直不太理想。

她跟我说这些不重要，重要的是攒够去下一个地方的钱。

我问她去一个地方平均需要花多少钱？

她没有详细回答我，只是模糊地说，不需要太多。

但是我总觉得她的收入是远远不够支撑她旅途的，也许是压根就没有去过多少地方的我，不清楚里面的窍门吧。

索菲计划12月份去东北被大雪埋，跟一位男驴友。那次我正找她要国外的游记，约在一家咖啡店，期间她一直在跟那位驴友通电话，商量行程、安排、酒店位置、票务什么的。

终于她挂断了电话，我问："安排好了？"

她点点头说："青旅都满了，还好，朋友又找到一家较便宜的酒店。"

"那是不是超出了你的预算？"

"没有，来回车票、酒店、吃饭他请我，呵呵——因为是他主动约我一起去东北的。"

"你们是怎么认识的？"

"我在新疆玩的时候住青旅认识的，当时我去大厅找网，他们一行人坐在沙发上围着聊天，他看到我，然后邀请我加入，然后我就加入了，我们就认识了。"

"他是不是喜欢你？"

"应该挺喜欢我的吧。"

"在追你？"

"谁知道呢，反正不重要。"

后来随便聊了点别的，就散了。

再后来我刷朋友圈的时候发现她发的是国外的景象，地点标注的是尼泊尔。

我发邮件问她：没去东北？

索菲回复：没有去，我想了想那里太冷了，我的小身板肯定扛不住，碰巧群里有人问我去不去尼泊尔，我一想还没有去过就答应了。还能顺便写一篇尼泊尔的游记给你。这里很棒，我很好，勿念。

一个星期后她从尼泊尔回来，把游记拿给我，顺便告诉我她跟那个约她去尼泊尔的人好了。

我笑着说："恭喜。"

她说："恭喜个屁。"

再后来的消息是俩人分手了，索菲继续行走在她的路上。

不经常旅行的我，似乎明白了什么。

也明白了她当时回我的那句：恭喜个屁。

大白是我高中同班同学，人如其名，很白。

那时候班里有一个足球冠军正在追她，由于冠军高大威猛，也就没有了竞争者。但是在没有竞争者的情况下他也是屡战屡败，足足追了两个学期都没有拿下大白。这个冠军真是被大白给打败了。

冠军就是冠军，下一个学期，继续不懈努力。

这个学期有所进展，俩人终于处于暧昧阶段了。

但大白还是紧紧守着防守线。

国庆，正赶上学校翻新，校方不得不大发慈悲给我们放了十天长假。不过，开学后要补课补回来的——出来上学，假期总是要还的。

这个假期，冠军约大白去厦门玩了一星期。在此之前冠军给大白洗脑了好久，说厦门的海鲜多么多么鲜美、鼓浪屿多么多么漂亮，相约一起考进厦门大学，就连厦门的电线杆子都超级文艺，还能喂流浪猫……

大白赴约了，还跟家人说了谎——学习压力太大，跟舍友到厦门去散散心。

一个星期后，俩人是手牵手回来的。冠军脸上足足挂了好几个月的胜利表情。

每一个班级里大概都有一个八卦小能手吧。

小能手透露出来的信息是：俩人到了厦门玩得很开心，晚上住的是双人间，前六天冠军很老实，没有什么举动，还每天给大白讲睡前故事——直到最后一晚，冠军苦苦表白，大白觉得考验了冠军这么久，于是就答应了。答应完之后，冠军又苦苦哀求挤一张单人床睡，大白心一软也答应了。爬上床后，冠军"提脚射门，球进了"。

俩人好了之后的感情也一直不错，同学们都很看好。大白和冠军也如约一起考了厦门大学。

大学四年走过，大白读研，冠军在当地做进出口贸易。又一年后俩人结婚了。

可喜可贺。

当然这是好结局的。还有好多好多经历过追求、暧昧、旅行和滚完床单后滚蛋的情侣。

可悲可泣。

写到这里我超想问索菲一个问题，那就是她在旅途中，跟多少个男人上过床。

我想，不用问也应该想象得出来——不会是少数。

索菲更像一个"穷游婊"。我们对此不做评判，这没有什么好与不好，也许这就是索菲喜欢的生活，属于她自己的生活。她一直都很努力很用心地实践着她的个性签名：人生下来就应该一直在路上，永不停歇地寻找属于自己的生活，否则你就跟你妈商量一下不要出生。

关于男人约你去旅行的真正目的究竟是什么？显而易见。

一般而言，男性是不爱带女性去旅游的，因为旅行是一件很辛苦的事情，女性更是一个"累赘"——从体力到"矫情"、从大姨妈到路痴症，等等。

约索菲同游的男驴友们无不是抱有各种各样的目的——追求，与之恋爱，或者单纯的约，上床。

约大白去厦门游玩的足球冠军的目的尽管很单纯，但也是明确地与之发生关系——恋爱关系以及肉体关系。

所以，准备好跟陌生男人去旅行的姑娘，请做好安全措施；准备好跟男朋友或者追求者去旅行的姑娘，也请做好安全措施。

忽然想起某电影或某新闻里，男上司带女秘书去出差也是同理。

〔爱情里男人想得到的是什么？〕

在诸多的影视剧中，无论古装剧还是都市剧，都有一句耳熟能详的台词：我得不到你的心也要得到你的人。

这句台词大多是一些"反面"人物说出来的，有一定的阴暗成分，但是却代表着大多数男人的心理。

当我把这项论断告诉女朋友的时候，她表示很难理解。

我问她："如果你只能得到男人的人或者男人的心，你会希望得到哪一种？"

她说："必须得到心啊，你想即使无数个日夜里，他睡在别的女人身边，无论别人怎么爱，而他心里永远装的是我，这是一件多么值得自豪又浪漫的事情。"

我听完之后，笑了一下，说道："如果只有这两种选择的话，我会选择得到人。"

也许有不少的电影中曾经描绘过两个人相忘于江湖却互相挂念，终老一生的故事，这些故事充满着浪漫主义情怀，却也为了浪漫而把生活的真相粉饰得有些过了。

而对于这两个选择，如果说注定要失去一个，那么男人肯定要选择那个听起来更加实际的。

在男人的脑子里，人显然比心更实际一些，心看不到摸不着，而得到人则显得更真实一些，毕竟当每一次回忆起来的时候，都能够真真实实地感觉到，我是拥有过的。

有一部电影，被许多恋爱中的女人奉为经典，电影的名字叫作《他其实没那么喜欢你》，电影中有一个观点就是当男人不联系女人时，女人则喜欢给这个男人想诸多的借口，诸如：也许他现在给我发短信，一会儿我就收到了；也许他今天被公司老板拦住了，没有办法来找我；也许他今天有个很重要的朋友聚会，晚些时候就会联系我了。

这个表现其实和最开始我提出的问题里女朋友的回答是一致的。女人们更偏向于一些虚无缥缈的东西，甚至也愿意给一些虚无缥缈的东西找一些借口，总不愿意脚踏实地，实际地以"一是一，二是二"这样简单的理论来面对爱情。

而男人恰好相反，男人在爱情里的思维永远是理性的，有判断的，甚至是算计的，他们总是能够在问题出现的时候，将它的本质挖出来，选择在他们看起来最靠谱最踏实也最真实的一面。

举个不恰当的例子，如果一个男人爱一个女人，当这个女人不联系这个男人的时候，他绝对不会再给她找借口，要么他会直接行动去联系她，要么他就是在不断地想：她现在在哪个男人的床上。

男人就是这么简单而直接，他们的爱情一点都不浪漫，而且，他们的爱天生不具备浪漫基因。

要不也就不会有"女人是男人的大学"这个论断。

男人要是懂得浪漫的话，也就不需要在女人这所大学里交学费了。

由此推断，男人的爱更偏向实际、具体、真实的东西；女人的爱更幻想、虚无、浪漫、缥缈一点。所以，男人在爱情中渴望得到的也是一些具体、具象、真实的东西；女人则渴望得到他的爱、他的心、他给自己的浪漫，等等。

有这么一句话形容男人——情义千斤，不敌胸脯四两。前者情义是虚的，在现实中你只能看到初级的情义，那些高级情义只存在于影视、文学作品中；后者胸脯是实的，连重量都具体出来了。

在恋爱中，女人更看重男人的心意、表现等，男人则看头发、看肤色、看脸、看脖子、看腿、看腰、看臀，甚至是走路姿势美不美，他们能聚焦于女人身上任何一个点，例如锁骨、耳垂、手指、嘴唇，哪怕是脖子上的一颗痣。

内在美这种东西普遍上是外在顺眼之后考虑的东西，退一步说，内在美只是综合评分的那一项，是外在审核通过之后得出的平均分，当然，内在美不及格肯定也不行，谁想找一个悍妇？

所以，如果你达到一个男人的外在标准，俗称顺眼，于是对你产生某种爱慕的情愫，对你展开攻势，那么他的目标就很明确，他要得到的毫无疑问就是具体的——你这个人。

而有的姑娘，可能对一段恋爱的开始并没有想那么多，只是单纯地享受一场被爱的感觉而已。

男人就不一样了，他不达目的誓不罢休，非要用尽各种手段把你哄到手，把你这个"具体的人"哄到手才满意。他要一段虚无缥缈的爱做什么？拿来回忆？拿来升华自己的灵魂？拿来炫耀？定然不会，**如果去炫耀必遭耻笑。譬如我跟一个姑娘发生了追求阶段的一些暧昧与甜蜜细节，然后在朋友面前大肆宣扬，那种在爱中畅游的感觉多么多么舒服、美妙、欲罢不能，朋友们绝对会像看猴子表演一样看我，他们只关心一个问题：到手没？**

　　在爱情里，男人想要的就是一个具体的你，然后再与你在一起的日子里谈一谈所谓的恋爱。

　　如果你还是理解不了，你可以这样想，他只不过是想抱着一个姑娘入睡。

　　"抱着一个姑娘入睡"一定是在爱的基础上，是要担负责任的。

　　如果他想得到那个你，在他得到后你仍旧能让他迷恋、走火入魔，那么你一辈子吃定他了。

　　男人的爱很简单，如同战争，干脆直接、简单粗暴。

〔 **男人真的恐婚吗？** 〕

男人真的恐婚吗？为什么要写这个话题？

从2014年年初，一直到现在，朋友们扎堆儿结婚，注意，不是陆续结婚，而是扎堆儿！扎堆儿！扎堆儿！重要的事情说三遍。

仅去年，扣除平日正常开销以及吃饭，攒下的钱都随礼了，手账本上密密麻麻记录了四五页。如果我这辈子不结婚的话，那就赔大发了。

那，究竟男人恐婚吗？

有一个玩摇滚的哥们，外号叫大鱼，这个外号叫了十几年，真名都被大家给忘记了。他的女朋友是摄影师，叫桃子。

他们的故事，或者说他们的爱情，是从大学才开始的。

那是大三的时候，桃子想拍一套带劲的照片，这个想法在她脑海里存在了很久很久，久到很快就要爆炸了，必须得拍！

她路过一间教室，看到大鱼在班里握着拖把当话筒在嚎歌，她瞬间就被大鱼的狂野范儿吸引了。

桃子直接冲进去，走到大鱼面前，大鱼的歌声戛然而止。

"你叫什么啊？"

"大鱼。"

"你哪大啊？"

"该大的地方大。"

"我叫桃子。"

"哦。"

"跟我出来，有事儿找你。"

"我不认识你啊。"

"有关系吗？是我找你又不是你找我，你管认不认识我呢？"

"哦。"

以上是桃子和大鱼的第一次对话。

桃子参加摄影比赛为学校捧回过很多奖，所以学校给桃子批了一间教室当作她的工作室。桃子把大鱼带到自己的工作室，说："把上衣脱了。"

大鱼一愣。

"我跟你讲，我要拍一组带劲的照片，拍出来绝对牛，相信我——把上衣脱了。"

"我只卖唱不卖身的。"

"放心，我又不会付给你钱，无偿的。"

大鱼心想一个姑娘能拿自己怎么样，还是一个挺漂亮的姑娘，学校的风云人物，脱！

桃子打量着脱了上衣的大鱼，"看起来挺瘦的，脱了还挺结实。"

桃子把墙角的墩布给大鱼，"拿着，继续唱，随便嚎。"

大鱼愣了好久，问："你想听什么啊，我给你唱。"

桃子想了想，说："《一块红布》吧。"

大鱼开始唱，桃子找角度开始拍。

唱到一半，桃子说："把裤子脱了。"

"不脱。"

"你们艺术男怎么这么尿啊。"

"我没穿内裤。"

"那怎么了，你就算穿着内裤我一会儿也得让你脱了。"

然后大鱼就脱了。

大鱼的体毛比较旺盛，尤其是下身，后来桃子说她就喜欢这样的，狂野。

大鱼接着唱，当唱到"我感觉我要喝点水，可你的嘴将我的嘴堵住"时，桃子就用嘴把大鱼的嘴堵住了。

"拍完了？"大鱼推开桃子问。

"拍完了！"桃子用手捂住大鱼的眼，继续吻。

大鱼再次推开桃子，说："让我再唱一句。"

"唱。"

"这个感觉真让我舒服，它让我忘掉我没地儿住……"

可以试着想象这样一个画面：大鱼满身体毛赤裸着，拿着墩布唱摇滚，一个漂亮的女摄影师给他拍着拍着照片，忽然就扑了上去……反复扑……

然后两人就这样在一起了，轰动校园。

后来学校举办校园演唱会，大鱼作为学校里玩摇滚的领军灵魂人物，肯定是要登台的。大鱼上了台，一言未发，开始脱衣服，脱完上衣脱裤子，台下各种起哄、叫好、吹口哨。还好，留了一条四角内裤，然后工作人员拿上来一根墩布，大鱼把话筒绑在墩布把上。

"我要唱一首《一块红布》，只送给桃子，跟你们都没关系。"

台下的桃子早就哭得涕泪滂沱。

大鱼的这一举动后来就成了H大的佳话。

只有桃子清楚大鱼举动的所有意义。

后来毕业了，大鱼继续唱摇滚，桃子继续拍照片。

一晃三年过去了，俩人都混出了点名堂。

有一次，我们一起去参加一个朋友的婚礼，坐在一桌。

桃子问大鱼："你什么时候娶我啊。"

大鱼嗑着瓜子说："着什么急啊，现在什么都没有呢，结婚压力多大啊。"

"你是不是不想娶我啊？"

"哪有。"

"你是不是恐婚啊？"

"我就是压力大。"

然后桃子就生气了，不理大鱼去找新娘了。

桃子走后大鱼问我："她是不是有病，最近老逼问我。"

我说："谁让你老带她参加婚礼呢？我是女的我也急。"

"我又没说不娶她。"

"那你犹豫个什么劲儿啊。"

"结婚多复杂啊，想想头就大，我还没准备好呢！再说了，哪有钱买房啊？更不想这么早被她拴住，那样我的自由就完蛋了，没准摇滚都唱不了，你也知道摇滚都是夜里唱的，谁白天吃饱了撑的去听摇滚啊？我有一哥们是个鼓手，结婚了，他媳妇不让他去演出，天一黑必须回家，为这事各种吵，后来掰了。"大鱼凑过来，跟我小声嘀咕，"还有，你是没见过她妈，不知道怎么跟你形容，你想象一下我见了她妈想尿裤子的尿样儿。"

大鱼灌下一杯酒，接着说："说实话，我都不清楚自己怎么想的，我们在一起差不多5年了，同居也有5年了，太可怕了，而且现在的状态跟结婚有什么区别，结婚不就是在现在的基础上增加一大堆的枷锁吗？"

据说，那次参加完婚礼后桃子跟大鱼大吵了一架，桃子说：月底你不给我个准话儿就分手。

大鱼祈祷着月底不要那么快到来，躲在我这里不敢回家，他说，回家肯定会因为结婚的事儿吵得天翻地覆的。

月底终究是要来的，那天演出大鱼没去，但还是躲在我家里不敢面对桃子。

我偷偷发短信给桃子，说大鱼在我这里。

10分钟后桃子过来了。

两人在沙发上对坐着，半个小时过去了一言不发。

桃子的眼睛红了，终于开口了，"大鱼，半个小时你没说话，我已经知道答案了，我们分手吧。"

大鱼愣了几秒，磕磕巴巴地说出了一声，"哦。"

桃子站起身来，走到大鱼身边，蹲下，握着大鱼的手，"大鱼，你是知道的，我很极端的，这次分手，就真的分了，我绝对不会回头——还有，我怀孕了，孩子我一定要生，我爱他/她。"桃子摸着自己的肚子。

大鱼就像被雷劈了一样，瞪大眼睛看着桃子。

桃子微笑了一下，站起来转身要走，大鱼一把拽住桃子，"走，跟我回我爸妈家。"

当晚，大鱼跟他父母摊牌了。

婚礼在一个星期后举行，那是他们5周年纪念日。

一个星期筹办一场婚礼，时间还是比较紧迫的。他们没有写请柬，是一个一个打电话通知的。

这是一场"战役"，桃子赢了。

换句话说，也许那些恐婚的男人中一个原因就是不够爱吧？当然大鱼不是不爱，只是生活的长河模糊了他的爱，忽然一个事儿把大鱼戳醒，大鱼无比坚定地说：我爱桃子，只爱桃子。

我问及身边的男男女女，上至三十多岁的大龄男女，下至十八岁刚成年的少男少女。发现女性恐婚的比例要比男性高出很多。

以下是与一位女性豆瓣友邻的对话：

森野莫：我恐婚。

我：你为什么恐婚？能简单说一下吗？

森野莫：或许我是因为性格问题，本身就比较喜欢一个人独处。但谈恋爱总归是好的，能够把生命中的那些美好与另一个人分享，偶尔闲时也会渴望能有这么一个人快些出现在我的生活中。但如果要上升到结婚的层次，那就必然会牵扯到两家人，我自认为我并不能够处理得好这些关系，比如对方的父母、亲戚等一系列密密麻麻的关系网。

我：可以理解为因为不成熟，或者承受不起超过两个人的世界吗？

森野莫：成熟的标准大多是看透了事物的本质或者是学会了伪装，

如果是前者倒还好，但如果是后者，我不想生活变得那么累。

　　我：谢谢。

　　这点不用细说，恋爱到结婚是默契，是必然。如果你们一直因这件事而争吵，或者你的男朋友因结婚而感到有压力，不是经济压力而是情感压力，那显然是你们存在着诸多不合适或者说还不够合适。

　　你需要停下来好好想一想，你们之间的问题，尽早补救。

Chapter 2

姑娘，
这段爱情你有把握吗？

〔*电影、小说*
与肥皂剧、菜市场〕

我有一个同行朋友，大家都叫他老k，他的爱情故事非常有趣。

老k是个全职写作者，什么都写，比如专栏、小说、剧本、星座、鸡汤，等等。只要能养活自己，什么都可以写。

老k谈了个女朋友，是他某天闲来无聊在商场邂逅的一位美女。他的女朋友是做化妆品销售的，人长得精致，皮肤也好，算得上是一位美女，走在街上回头率很高，可能是因为长得姣好，化妆品销售业绩也不错。

老k很喜欢她，美中不足的是这个销售姑娘学历不高。不过，身为知识分子的老k对此倒不在意。

销售姑娘很崇拜老k，可能是觉得老k有范儿又有才。

两个人在一起后，老k总是假装买化妆品到柜台跟销售姑娘逗贫，很快，两个人就进入了热恋状态。

销售姑娘搬进了老k的房子里，销售姑娘说特别喜欢盯着老k写作，她觉得老k创作的时候简直是天底下最迷人的男人。

不是有句话吗，认真的男人最迷人。

老k也乐得享受被崇拜的感觉，就像一个乐迷姑娘对摇滚歌手的狂热。老k还给销售姑娘写过很多首情诗。那段时间，销售姑娘觉得自己是天底下最幸运的女人，两人相处得一直很好。

老k的家里有一台屏幕超大的电视机，不过不能收看电视节目，因为老k从来没交过有线电视费，他只用电视机来看影碟。老k的书架上除了一排排的书籍，还有一排排的正版影碟。

电影和书籍是他的爱好，也是他灵感的源泉。

分歧就是从电视机开始的。销售姑娘打开电视机发现收不到电视节目，问过老k原因后擅自交了费，然后津津有味地看起肥皂剧来。

老k跟销售姑娘说："别看这些东西，一点营养都没有，看多了会拉低智商的。"

销售姑娘不以为然，她说好看，她喜欢看。

老k并没有决绝地阻拦，而是给销售姑娘推荐了一些美剧，可是销售姑娘不爱看，转台继续看肥皂剧。

老k摆摆手随她看，自己继续写稿。

奋笔疾书了几篇之后，老k觉得灵感枯竭，他决定看个电影补充一下脑部营养，他从书架上找来《猜火车》，塞进电视机下面的影碟机里，问销售姑娘要遥控器，销售姑娘不给。

老k说他买这么大的电视机就是用来看电影的，并表明他现在必须看电影。销售姑娘还是不给，老k继续"谈判"能不能让他看电影，能不能陪他一次，一百分钟后随便销售姑娘怎么看。

销售姑娘自然不会陪他看电影，站起来把遥控器甩给老k，非常生气地到电脑前继续看她的肥皂剧。

老k跟销售姑娘恋爱的这一段时间，销售姑娘从没有陪老k看过一次电影，每次老k享受电影大餐的时候销售姑娘都会到电脑前看她的肥皂剧或者综艺节目。

相反，倒是老k尝试着陪销售姑娘看过几次肥皂剧，无奈，一分钟都看不下去。

老k在写作之余除了看电影还看书，悬疑小说居多，虽然他并不写悬疑小说。老k努力培养过销售姑娘看书的习惯，无奈销售姑娘总是从书架上取一些时尚杂志看，尤其是星座部分，更是深信不疑。

老k给一些杂志写过星座，用不常用的笔名，销售姑娘并不知道她特别爱看的星座是老k在书房里炮制出来的。老k也不忍心拆穿她看的星座运程都是他瞎编的。

老k并不宅，他是参加我们小圈子聚会最活跃的一分子，他只是在家待的时间长而已，因此在每天上班的人眼里，老k已经算死宅了。

销售姑娘在家可闲不住，她下班回来或者周末的时候特别喜欢往外跑，平日里逛菜市场是她的一大爱好，据老k说销售姑娘特别喜欢跟大妈砍价，觉得特别有成就感，一块四毛钱的韭菜她得把四毛砍掉才高兴。

不过销售姑娘的厨艺算是不错的。

老k不写稿一个人躺在椅子上看书的时候，销售姑娘就一个人去菜市场寻求属于她一个人的胜利。

两人之间的交流其实并不算多，老k喜欢上销售姑娘单纯是她的颜值，而销售姑娘喜欢老k大抵是被他的才华吸引。

两个人在一起生活了一段时间并没有融进彼此的生活，老k的精神生活在电影和小说里；销售姑娘的精神生活在肥皂剧和菜市场里，双方几乎毫无交集。即使其中一方努力过要跨到另一方的精神生活里，最终也会发现，那是一条无法逾越的鸿沟。

因为两人的精神原本就是背道而驰的。

谈恋爱谈恋爱，有的谈才行，也就是说能聊到一起，有共同话题才行。不然你说东她答西，你谈天她说地，你说月光很美，他聊雾霾很浓。

无论是男方女方都不会觉得这段感情很舒服，这种感情是走不远的，我们都需要精神交流。

那么存在没有精神交流又能长久的感情吗？存在的，那便是两个人都不需要精神交流。

一旦涉及男女其中一方有精神交流的需求，那么另一方也必须跟上，精神交流需求最基础的便是有共同话题可以聊，或者有共同的爱好，喜欢做同一类事。

譬如，我们见过两个酷爱攀岩的俊男靓女在一起了，就算他们交流不多但是可以一起攀岩，一个眼神，几句攀岩术语，足够；我们还见过骑行队里，两个单身男女擦出火花从而在一起。

好像在我们的认知里，只有女性才有精神需求，在大部分女性对男性的认知里，他们的生活就是聚会、喝酒、游戏，等等。其实不是这样的，男女平等，男人也有恋爱方面的精神需求，只是表现得不够明显，因为男人之间或者男人跟女性朋友在一起时，不聊恋爱中的精神需求，女人却时常会聊到这个话题。

后来，老k跟销售姑娘分手了，是销售姑娘提出的，她说老k一点都不在乎她，心里只有小说、电影，根本就没她。销售姑娘还说老k跟她聊不到一起去，不懂她。

　　原来，销售姑娘也是一个有精神需求的人。

　　误打误撞或者因某种原因在一起的人，如果没有精神交集的话，那么他们之间的感情也长久不了。

　　女人恋爱需要精神交流，男人也一样需要。

〔我在
开往春天的地铁上等你〕

　　有多少男人喜欢文艺女青年？或者说，给男人一个选择，让他在文艺女青年和一个稍有姿色但是很普通的女孩子之间选择，男人会选择哪一个？

　　在我们的印象里，文艺女青年好像是那种目中无人、不食人间烟火，封闭在自己世界中的人。当然，伪女文青另当别论。

　　一个女性朋友曾经跟我说过这样一句话："如果我回老家相个亲嫁了人，婆婆老公肯定认为我有精神病，他们一定不会容忍我一个月买七八百块钱的书，在他们眼里纯属浪费钱。"

　　当然，这只是这位朋友的假设，但这个假设是她经过一段失败的感情之后得出来的。

　　暂且称呼这位女性朋友为W小姐。W小姐是一位标准的文艺女青年，纯的那种。第一眼见到她，你会觉得她身上散发着一种高贵、冰冷和生人勿近的气质，她的眼神很特别，像是时刻蒙着一层薄雾，Y先生称之为诗一般的眼睛。

　　Y先生就是她的男朋友，准确地说应该是曾经的男朋友。他是做进出口贸易的，典型接地气的男生。

　　他们是在一家小酒馆里认识的，酒馆老板是两个人共同的朋友。老板分别认识W小姐和Y先生，但是W小姐和Y先生互不相识。老板代理了一种很精致的酒，请大家过来品尝，他们都在邀请名单之列。

　　W小姐是非常能喝的，反而Y先生不胜酒力，酒过三巡，Y先生有点晕乎，指着W小姐说："好像在哪里见过。"

　　W小姐饶有兴趣地问："哪里？"

　　Y先生说："春天里。"

　　不知情的人也许会觉得Y先生还挺浪漫风趣的，其实是这家酒馆开在一个叫作"春天里"小区的底商处。

　　大家扑哧笑了，W小姐也笑了。

　　就这样，他们认识了。认识之后，这家小酒馆就成了两人经常约会的地方，但是Y先生并不知道W小姐就住在"春天里"小区。

　　Y先生为了追W小姐可是下了一番功夫的，把古今中外凡是经典的文学名著都通读了一遍，实在找不到的书籍就上网查找了笔记。Y先生说他高考时都没这么努力过。

　　这些仅仅是前期准备工作的一部分，就是为了有话说，能聊到一起。

　　文艺女青年最基本的两项除了读书当然还有电影。Y先生知道我也写剧本，家里的影碟很多，就提议到我家刷电影，顺便还能给他讲一些电影知识。

　　写剧本是个技术活，家里的碟片基本都是好莱坞商业电影，其实并不文艺。Y先生说没关系，他也爱看大片，先从能看得进去的电影入手。

　　让Y先生失算的是，他已准备好一肚子的墨水随时可以挥洒，W小姐跟他谈的却是"诗电影"。Y先生一下子蒙了。

"诗电影"顾名思义就是诗歌一般抒情的电影，那是早先法国先锋派的一些理论家和创作家主张的，"电影最完美的体现，是电影诗"。

Y先生铩羽而归，费尽心思找来了一些诗电影的代表作来看，《愿望树》《海之歌》《恋人曲》等，可是Y先生根本看不下去，一部电影断断续续看了半个多月还没看完前30分钟。

Y先生当时都绝望了，W小姐太难追了。

最终Y先生决定用自己的方法，把W小姐约了出来，直接表白。W小姐答复要考虑一下。

我问W小姐的顾虑是什么？她告诉我，怕两个人在一起之后生活节奏对不上，交流有隔阂，重要的是精神上可能会出现某种程度的不契合。

要知道，Y先生和W小姐本不是同一类人。

问过W小姐之后，我又找了Y先生问他为什么喜欢W小姐。

Y先生的回答是"迷人"。因为W小姐的气质有范儿，非常迷人，就像仙女，是那种在人群中只需看一眼就能牢牢吸引你眸子的人。

我又问有没有具体一点的，关于W小姐本身。

Y先生想了很久，没有说出个一二三来，他觉得迷恋就够了。

W小姐还是决定给Y先生这个机会，她觉得Y先生肯为她去刷书刷电影这一点还是蛮不错的。于是，W小姐给Y先生发了一条短信："我在开往春天的地铁上等你。"

Y先生蒙圈了，这是什么意思？接头暗号吗？太情深深雨濛濛了点。他打电话给我，向我求教这句话是什么意思？

做进出口贸易的Y先生一向是精明能干的那类人，事实证明，在工作上精明能干的人，在感情里往往蠢得可以。

我告诉他W小姐住在"春天里"小区，让他去W小姐上班地点附近的地铁口等她，然后一起去W小姐家，时间应该是下班时间，不过不确定。

Y先生摸不准时间，就干脆到那里等了一天，最终是等到了W小姐。

等一天这件小事还是让W小姐蛮感动的，于是他们在一起了。

至于后来的分手，全部印证了W小姐的担忧：两个人的生活节奏对不上，交流有隔阂，精神交流上出现了某种程度的不契合。

Y先生感觉到越在一起，两个人的距离越远。Y先生不理解W小姐的伤春悲秋，W小姐不理解Y先生工作上的苦闷与压力。

吵架是不可避免的，一次、两次、三次……积累，结局只能是分开了。他们融不进彼此的生活里。

W小姐爱Y先生吗？只能说W小姐在他身上倾注感情了。

Y先生爱W小姐吗？只能说他试着去爱了。

男人很容易迷恋文艺女青年，甚至是很多的男人为文艺女青年痴狂，但是很难让男人一直爱下去。换句话说，文艺女青年更适合谈情说爱，不适合结婚过日子——而我们终会走上婚姻的道路。在夫妻角色中，妻子的角色非常重要，接地气一点比较好，偶尔不食人间烟火还是可以的。

那么文艺女青年能不能收获一份美好的爱情呢？能不能白头偕老？当然可以，你要相信这个世界上总有一个人适合你。

有个朋友跟我说她结婚之前是个仙女，结婚之后变成了凡人，而且，她喜欢凡人的身份。身份是可以互相改变的，谈一份恋爱，不是你为了谁被迫去改变，而是你想要去主动改变，让两个人走得更远一点。

〔你只当分手是情绪，
   他却以为是你的深思熟虑〕

我们分手吧。

分手。

我们分手好不好？

趁早分手！

我要跟你分手。

真的咱们只能分手了。

为什么咱们不分手呢？

只要你一句话，我就离开你。

姑娘，你说过多少次的分手？你有多少次不想分手却说了分手，只是想用分手引起他的重视？

在我们生活中，有很多有趣的定律，比如面包掉地上一定是果酱的那一面着地；反着扔猫咪一定是四脚着地；情侣之间说多了分手一定会分手。

以上是墨菲定律，总的概括内容是：如果事情有变坏的可能，不管这种可能性有多小，它总会发生。

所以，无论你认为你们之前的感情有多牢固，无论你多么坚信肆意地折腾也不会分手，只要你永无止境地说分手，那最后一定会分手。

理论上是这样，实际上，会更快。

身边有太多这样的无厘头惨剧了，我的一个前女同事，她就非常爱拿分手说事儿，她男朋友一旦惹她不高兴或者是有一丁点儿不听话，她就会闹分手，让男朋友哄她。五天一大分，三天一小分。

我劝过她几次，说这样做会给她男朋友造成困惑，形成一种无形的压力。

就像狼来了，你总是给他潜意识里灌输分手威胁的概念，总有一天，他会对你提出的分手的威胁无动于衷，你的威胁会失效，甚至他会觉得分手是一种解脱，终于可以喘口气了。

我们听过太多太多的分手，虽然每次说的话不一样，但是意思都非常明确。

方姑娘跟钟剑第一次提出分手是在一个明媚的午后——他们前一天晚上刚刚大吵了一架，具体原因是钟剑迟到了，本来两人约好了晚上七点半在商场门口碰面去吃饭看电影，钟剑上班的地方距离约定的商场比较远，下班正好是晚高峰，打车巨堵，生生把钟剑堵在路上1个多小时，方姑娘也在商场门口干巴巴等了1个多小时。

期间方姑娘在微信上各种催促，钟剑拍照片实时直播路况。

先不说1个小时的等待时间足以把一个约会正兴头上的姑娘给磨成"泼妇"，光就约会过程中女孩等男孩这件事仿佛就是违背天理的。在女孩的观念里，男孩等女孩才是天经地义的，等到地老天荒海枯石烂也得挺直了腰杆面带微笑不烦不躁地等下去。

1个多小时后钟剑到了，然而饭点已过，方姑娘一点儿吃饭的心情都没有，脸上写着"十分生气"四个大字，钟剑各种哄都不管用。

方姑娘一直强调钟剑不爱他，竟然连约会都迟到。开始钟剑的态度还是极好的，点头哈腰低声下气的，又是哄又是逗，还许诺下了一大堆的衣服鞋子和化妆品。

可是方姑娘不肯善罢甘休，最后钟剑嘟囔了一句："你之前就没有不迟到的时候？我迟到一次就万恶不赦了？况且路况那么糟糕，我能有什么办法？"

再小的声音，只要是说那个女孩的，那个女孩也能听得一清二楚。这句无心之话方姑娘听得真真儿的，声音提高了八度："嘿，你还有理了？我看你就是不爱我，你爱我你能做这种事吗？你就是跑你也早就跑到了，你不仅迟到就算了，你这一次迟到之前还有一堆小事都说明你不把我放在心上，你不把我放在心上也就算了，我都能包容你，结果你现在还开始嫌弃我了，还开始数落我了！我决定了，分手，不和你在一起了，分手，分手，现在就分手！"

钟剑被气急了，方姑娘一大段话跟连珠炮似的，震得他只回应了两个字：好啊。

第二天的明媚午后，俩人煞有介事地约在一个咖啡馆里晒着阳光，喝着咖啡，准备商议分手事宜。

俩人的性格都是比较要强的，说出去的话没有台阶下的话基本都倔着。两个人就一直低着头喝咖啡谁也不开口说第一句话，因为在俩人的内心里都是不愿分手的。

双方喝完第八杯咖啡后，肚子里实在是装不下了，钟剑抹开面子说："咱们别分手了好不好？全是我的不对，我不该迟到，我不该跟你顶撞，我错了。"

方姑娘得了一台阶，知趣地下来："你真知道错了吗？"

钟剑猛点头。和好如初。

……

方姑娘第七次说分手是因为一条狗。

方姑娘养了一条狗，特别喜欢，每天把原本属于男朋友的时间都剥夺掉了用在狗狗身上。有一次方姑娘需要出差一个星期，就把狗放在男朋友那里，并且再三嘱咐一定要照顾好，如果回来后发现它掉一根毫毛（狗毛），就把男朋友身上的毛都拔光。

钟剑苦着一张脸，这可是金毛啊，而且还是大夏天，每天毛掉得噼里啪啦的。

方姑娘心思都在爱狗身上，出差也提前回来了，没让钟剑去接，就直接飞奔到钟剑楼底下给他打电话，正巧钟剑跟朋友在外面一起喝酒。方姑娘一听立马就不高兴了，"不在家照顾狗狗跑出去喝酒了，狗狗还没吃呢你倒是喝上了，这几天它肯定瘦了吧。"

方姑娘一声令下，钟剑飞奔而归。

方姑娘见到金毛以及钟剑家里一地的狗毛心疼得不行不行的，开始数落钟剑，说："临走的时候是怎么嘱咐的啊？都忘了，脑子呢？落在酒桌上了？我说的话怎么一点不放在心上呢？你这就是不爱我，是不是想分手？不记得我说的话惦记着什么呢？惦记着吃狗肉？"

鉴于方姑娘分手这招已经用七次了，钟剑也有点闹情绪了，心想：凭什么你一不高兴就分手啊，凭什么我就没有不高兴的权利。

钟剑说："是啊，你跟狗去过吧。"

方姑娘说："分手就分手，你会后悔的。"

方姑娘走后钟剑思考了半天，每次一闹情绪都说分手，说得那么无所谓，说得那么自然，说得那么轻松，是真的想分手吧？或许在她心里已经演练上百遍了。

方姑娘第二十一次说分手很风平浪静又很突然。

钟剑正上班，接到了方姑娘的电话，电话里方姑娘的情绪很低落，钟剑问了方姑娘的位置然后请了假赶过去。

方姑娘坐在公园的长椅上，一副伤春悲秋的模样，钟剑耐心地询问了半天，无果。

方姑娘忽然问钟剑还爱不爱她，钟剑蒙了，当即肯定地回答。

方姑娘又说："我觉得你不如以前爱我了，对我也不如以前好了。"

钟剑更蒙了，于是开始讲道理解释当一个人长期吃一罐蜂蜜就会越来越觉得不怎么甜了，蜂蜜还是原来的蜂蜜没有任何变化，变的只是吃蜂蜜的人。但这样肯定是不行的，给她讲道理怎么可能讲得通？跟方姑娘恋爱这么久了，讲理这方面钟剑很有心得，根本讲不通的，没戏。

钟剑试图安抚她的情绪，然而并没有太大的效果。

方姑娘说："要不然，咱们分手吧，我想你是不爱我了。"

钟剑说："爱啊，爱啊，爱啊……"

方姑娘失落地说："不，你不爱我。"

然后陷入了钟剑一直说爱，方姑娘一直否定的死循环。

钟剑一连哄了一个星期，以及格外地对她好，比以前刚开始恋爱那会儿还要好，这事儿才算翻篇。

方姑娘第六十二次说分手的时候，已经无关乎具体原因了，反正就是不高兴，一不高兴就说分手。

钟剑说："我做了个蛋炒饭不太好吃不高兴，东西给她递慢了不高兴，周围声音太大没听清她说话不高兴，手机死机了接不了她的电话不高兴，短信没及时回不高兴，接她下班晚一步不高兴，买的手纸太糙不高兴，我的反应慢了一点不高兴。然后她早上醒来说分手，吃个早饭说分手，上班去的路上说分手，逛街的时候说分手，上厕所的时候说分手，看电影的时候说分手，梦里说分手，醒来还说分手……"

我劝道："这都是女人的小情绪。"

钟剑反驳我："这是小情绪？小吗？我现在都不知道什么叫情绪了。我告诉你，这不是小情绪，这是真地狱。谎话说一千遍就是真理，她说分手没一千遍也有近百遍了，我不止一次能从她的眼神中读到她是真的想分手。"

我说："不是吧，她挺爱你的。"

钟剑反问："你爱一个人会一而再、再而三、三而百地说分手吗？这不是耍情绪，这是耍剑，一剑一剑刺进你的身体。"

我竟无言以对。

方姑娘第一百次说分手，钟剑真的与之分手了，无论方姑娘有多后悔，怎么挽回，钟剑都没有心软。

方姑娘求他原谅，说那只是小情绪作祟，她爱他，求他别当真。

钟剑觉得方姑娘其实早就想清楚了，就算没有早就想清楚，在她一遍一遍说分手的过程中也应该考虑清楚了。

他们的爱情就这样无法挽回了。

两人好像一下子从我们的生活里消失了一样，就连社交软件上再也看不到他们发的动态。

我想，他们心里都不好受吧。

男人特别烦总拿分手说事儿的女人，在他们看来那是一种威胁，而男人这种具有统治基因与欲望的动物最受不了的事情之一便是被威胁。

女人说分手的时候大多是不想分的，就是想刺激一下男人，让他对自己再好点，更珍惜自己。

而分分合合这种在男人眼里的"精分"（精神分裂）行为，真的会把男人搞成"精分"的。

当女人说了一百遍分手之后，男人受不了了，分吧。可是到了无可挽回的阶段女人又不分了，再加上之前的反复无常，它能摧毁任何牢固的爱情。

就像钟剑说的，那不是耍情绪，那是耍剑，一剑一剑刺进对方的身体里。

我曾经养过一只猫，而母亲是比较讨厌猫的，因为它总偷吃东西，经常把老妈调的肉馅什么的搞得一团糟。每次猫咪闯祸老妈都会对着猫说："再闯祸就把你扔了。"

有一次老妈买回来一条鱼给我吃，放在桌子上就去做其他事了，那只猫闻着味道就过去了，跳到非常高的桌子上用爪子撕开塑料袋享受美味。

老妈发现后大发雷霆，非要把猫咪给丢掉，我说尽好话猫咪才幸免。

自那时候起，老妈只要见到猫咪就会说："我要把你扔掉。"

然后吓得猫咪撒腿就跑。

终于有一天，我回家叫猫咪的名字，却不见它的动静，找来找去都找不到。我问老妈是不是把我的猫给扔了，老妈说没有，可我觉得她在骗我，我既生气又伤心，回自己的房间。

老妈到外面给我找了好几个小时都没有找到，这时我才觉得我错怪老妈了，猫咪真的自己离家出走了。

老妈说："都怪我，每次都训斥它吓唬它要把它扔掉。"

我一直觉得猫咪都是有灵性的，也许是它明白老妈的意思，自己走掉了。

可是我知道老妈从没真的想赶它走，因为每次发现猫咪闯祸偷吃什么的时候，老妈就只是嘴上说说，仍旧会给猫咪准备香肠、瘦肉和牛奶。

其实人和任何一种动物都是一样的，在爱情里或者生活里都需要温暖、理解、被善待。

你只当分手是情绪，他却以为是你的深思熟虑。

韩寒的电影里有句台词：喜欢就会放肆，爱却是克制。

在爱情里我们都太放肆自己的情绪了，而忽略给对方带来的伤害、错觉以及暗示。也许当我们学会克制情绪的时候，我们的爱情就会长久了吧。

范小姐跟我抱怨，她的男朋友变了，跟以前大不一样。

她说：男朋友之前很爱我的，对我百依百顺特听话，最近开始不知道怎么了，好像对我的好开始打折扣了，比如让他去给我端杯水都磨磨叽叽的，捧着手机边玩边去倒水，一点都不走心，这就是不爱啊……（我的天，女人真神奇，从倒杯水上就能判定对方不爱了）。

他以前不抽烟的，我本来特别讨厌烟味，他猛追我那会儿我就认真地问过他抽不抽烟，他向毛主席保证不抽的，最近我发现他偷偷地抽烟了，他骗了我。抽烟的事儿我问过他为什么瞒着我，他说最近压力大偶尔抽两支不告诉是怕我生气。可是瞒着我欺骗我会让我更加生气啊……（我心想，抽支烟没这么大罪过吧，又不是烟鬼那种程度，偷偷抽也是知道你讨厌烟味故意瞒着的，怎么着也算善意的欺骗啊）。

刚在一起那会儿，他还说他平时基本不喝酒的，而且酒品很好，可是最近一次的同学聚会他喝多了，而且大耍酒疯，丢死人了！回到家里也是乱吐、瞎嚷嚷、五音不全还唱歌。你说他开始的时候为什么瞒着我呢？就不能真诚一点吗？如果恋爱都不真诚了那恋爱还有意义吗？你说他为什么要骗我呢？我好伤心的。

还有，他跟前女友分手的原因，之前的说辞是因为性格不合分手的，后来我才知道是因为他觉得跟前女友在一起太累了。嘿，这么不负责的男人你说我当初是怎么看上的？对了，他的情史，他说之前只谈过两个女朋友，在我的再三逼问下发现他在我之前谈了七个女朋友。

范小姐大倒苦水，痛斥：什么爱情，都是假的，特别假，我竟然去相信假的东西。

我问范小姐："你回想一下他对你的情意是真的吗？如果是真的，那说明你们的爱情并不是假的，只是存在某些假象罢了；如果是假的，那么离开他，就这么简单。"

范小姐想了一会儿，想着想着忽然就笑了，大抵是想到两人之间的趣事，曾经的甜蜜细节，或者他的温柔之类的吧。

我反问范小姐："你就没有瞒着对方的事情吗？"

其实不用问，一定有的，任何人都会有的——我们的糗事，我们觉得能影响现在这份感情的事情，都会加以修饰，或者直接隐藏尘封过去。只是生活总是突如其来地给你来一下颠簸，不知道什么时候就藏不住了，然后就面临了很多麻烦问题，但是偏偏越解释对方越不信。

在生活中一旦对方一点一点地暴露了自身的一些缺点，以及当下的某些事情跟之前的做法不太一样了，你便痛斥他，痛斥对你的好都是假的，都带有表演成分。这其实是不对的。

范小姐年少无知的时候谈了一个男朋友，她把那段恋情视为一段很low的经历，如果能办到的话，她一定会把这段感情从自己的程序中删除。

那时范小姐刚上大学，对外面的一切都感到新鲜，对大学生活向往已久，置身大学校园后迫不及待地投入全校恋爱的热潮中去了。当时有一个大三的学长追范小姐，范小姐看对方追得卖力，也没多想，就答应了。

渐渐地，范小姐发现对方的一些观念与自己严重不合，而且同学们发现他们俩在外形上极度的不协调——你们可以试着想象一下林志玲与王迅站在一起的画面，大致类似。

范小姐遇见现男友的时候出落得更加漂亮了，是以女神的姿态降临的，范小姐断然不能把自己曾经的那段愚蠢至极、不成熟的恋爱经历告诉现男友，一是自毁形象，二是怕对方"耻笑"。

所以隐瞒有时候并不是不真诚的表现，反而是为了让一份爱情更好地发展下去，因为我们都是被吸引或者是因爱对方而互相靠近的，而且必须以最好的姿态、形象去靠近。

有时候一段恋情的开始不需要真相，可能告诉对方某些真相之后，他便不爱你了，你也不再吸引他了。你说这是一种欺骗，是对爱情的不负责任，都是虚假的开始，对方是坏人。可是爱情的开始必须是美好的，即使它在某种程度上存在欺骗与虚假，但是我们都喜欢这样的美好，不是吗？

爱情的开始也必须是美好，不然开始都不美好你能保证过程中就美好了吗？开始都不美好，你确定你们可以开始恋爱了？

有很多感情，是在我们渐进的过程中扎实的，即使我们会发现对方的种种不是、缺点和隐瞒，都不会妨碍我们继续相爱着。

当你发现你们的爱情好像和以前发生了一些变化，或者对方发生了一些变化，其实都是很正常的，没有人能一成不变。你每天跟别人打招呼的语气还随着你的心情好坏而不同，爱情更是会受到情绪的影响，也许他的变化只是有点累而已。

如果仅仅是一些无关紧要的变化，比如他今天给你挤的牙膏不如昨天挤得适量、好看，他好像跟以前不一样了，他的臭毛病多起来了……你就唯恐爱情坍塌，那你就要好好想一想了，想一想你是爱他这个人还是只爱你们当初恋爱时候美好的感觉呢？

感觉是虚假的，人是实实在在出现在你的面前、你的世界、你的生命里的，你过多地去在意恋爱中的假象，过多地把目光锁定在他的缺点上，也许会错过更多生活中的故事。

爱情都是假象，谈恋爱如同过招，藏着掖着，虚实结合，虽然带有一定程度的隐瞒但是我们需要这种假象，来让爱情的存活率高一点——谢谢你为我勾勒的幸福，让我不再感到孤独和疲惫。

所以，不要再去盲目追求爱情里的真，因为一切都不能成为证明爱的标准，时间才是。如何能够让爱有绵长的时间呢？那就是我们能够适当理解对方的善意谎言，同时也以善意的假象去装饰对方的爱情。

如此这般，爱情长久。

[爱情这块真金 最怕火炼]

　　你们相识于某个夏季，那天的阳光很好，他有些刺眼，于是互相吸引。你等了很久，他终于向你表白了，你故意不答应，就是喜欢看他着急的样子。

　　一起后你们很甜蜜，你想，就是他了吧，就跟他携手走一辈子吧。

　　渐渐地，你发现他对你的爱、兴趣、关心似乎减半了，你觉得你们之间的爱出现了疲乏，你觉得你们的爱情出现了裂痕，你恐慌他还爱不爱你？单这一个问题就够你翻来覆去一宿一宿地想，如同初恋般不确定那个男孩对你究竟是什么意思，伴着不安与焦虑，你摘着花瓣，一片一片地数：爱？不爱？只是不再是他爱不爱，而是还爱不爱。

　　你开始密切关注他的动向，担心他是不是爱上了别人。

　　你忐忑不安，胡思乱想，甚至看不进书，投入不到工作中，听着同事之间的八卦经常神游天外，就连打开一个喜剧电影都笑不出来，脑子里只有你担心的那个问题——他还爱我吗？

　　你受不了自己给自己的煎熬，决定弄个明白。某天你提前从公司里偷偷溜出来，来到他上班的写字楼下，在拐角的咖啡厅要了一杯饮品等他下班，你死死地盯着写字楼门口，不敢漏看一眼，生怕他出来的时候你没有看到。

终于，他随着人群从写字楼出来，你悄悄跟在他的身后。

突然，你的手机短信提示音铃响了，你心中稍稍有些宽慰，因为往常他都会下班给自己发个信息约见面的，你以为再次收到了他的信息，那一瞬间你觉得自己很愚蠢，竟然怀疑自己的恋人，那可是你认为的一生挚爱啊。

你拿出手机来一看，发信人并不是他，而是公司的同事，问你怎么还没下班就走了，老板开会了……

你的心一下子跌进了冰川深处，你没耐心看完同事的信息，直接锁屏扔进包里，然后快步跟上他。

他忽然在街边停下脚步，你也赶紧停下躲进人群，慢慢靠近他。他伸手拦了一辆出租车，你赶紧跑到路边，挥舞着胳膊拦出租车，在旁人看来，你的举动好夸张，但你顾不了那么多，可是一辆出租车停下被前面的人拦住了，你赶紧冲过去抢先一步把手放在门把上，求着让路人把这辆出租车让给你。

你终于上了车，还好他打的那辆车堵在了前面的红绿灯还没有走远，你告诉司机跟着前面那辆车，司机皱着眉头上下打量了你一下，你笑了一下说：办案。

那一刻，你觉得自己蠢爆了，就像一个笑话一样，你还感叹着，都是为了爱情啊。

他在一家花店前下车了，你躲在车里等他出来，很快，他捧着一束黄玫瑰走了出来。你心中生疑，因为他知道你是喜欢百合的。

他开始沿着街边步行，你塞给了司机一百块，然后匆匆下车。

你跟着他来到一家酒吧门口，发现他走了进去，于是你彻底慌了。你在门口驻足了很久，你生怕一进去就会看到他和某个姑娘坐在一起，谈天说地，笑容里带着暧昧。

你还是走了进去，看到他和几个男性朋友在一起喝酒。那几个朋友你也是认识的，你稍稍放下心来，但还是悬着。

你找了一个角落的位置，坐了很久很久，发现他们一直喝一直喝，没有停下来的意思。不时有陌生的男人过来搭讪，你都拒绝了。

一直到很晚，你的手机响了，他发来信息问你在哪里。

你撒了谎说跟闺密在逛街。

他约你在附近的地方见面。

你回复好。

你收起手机赶紧离开酒吧，生怕穿帮。

你们见面后，他把黄玫瑰送给你并且向你道歉，说他自己这段时间很低落，遇到了一些烦心事，也忽略了你。

你紧紧抱住他说你从来没有怨过他，希望以后有什么事情可以一起面对。

后来，你不经意间得知情侣之间送黄玫瑰是道歉的意思，你觉得他好细心，你一回忆就感到甜蜜。

你怀疑过一遍，就会怀疑第二遍，任谁也不能每年三百六十五天，每天二十四小时都能做到你满意、讨你欢喜、爱你爱到骨头里，假使对方真的做到了，你也会在某个不经意的瞬间脑袋里冒出一个问号：他还爱我吗？即使对方每一分每一秒爱你爱到死去活来，你也会在享受这份

360°无死角的爱的同时脑子里想：他是不是真的爱我呢？

脑袋里的问号一旦存在久了，你就会付诸行动去考验你们的爱情。

因为上一次的怀疑你这次想要果断一点，你召集了一帮闺密帮忙出谋划策，经过再三讨论，决定由闺密出马，试探一下他。

闺密给你男朋友发了一条信息："我偷偷地喜欢你很久了，我们可以见面聊一聊吗？"

过一会儿他回复："你是？"

闺密回复："你女朋友的朋友，小莉，我们应该打过几个照面，你对我还有印象吗？"

他："不好意思，没有印象，我想你应该是发错信息了。"

闺密："我真的很喜欢你，今晚你有时间吗？半个小时就好，我想跟你见一面，就一面，好吗？请你满足我这个小小的请求，就见一面，我就心满意足了。"

等了很久，他没有再回信息。

你们经过讨论后，决定下一剂猛药，闺密再次发信息："我愿意做你的地下情人。"

又等了很久，他还是没有回复。

你心里好开心，印证的结果：他还是很爱自己的。

闺密提议既然都印证了，就印证到底，"一劳永逸"。

你觉得有道理，所以让闺密到他上班的写字楼门口等他下班，看到他出来叫住他的名字。

他停下问是谁？

闺密摇了摇手中的手机，然后说：小莉。

在小莉的再三要求下他答应一起共进晚餐。

就餐过程中，小莉不停地表达着对他的爱慕，而他一直安静听着。最后，小莉说完，你男朋友表示感谢并阐明自己的态度："我本想叫她过来的，那样肯定会撕破脸皮，我还希望你们是朋友，这件事就当作没有发生过好吗？愿你今晚用餐愉快。"

然后起身结账走人。

他从餐厅出来直接给你打了电话，表示有事跟你说。

你们约在常去的某个地方见面，他原原本本地告诉了你事情的经过，并且表示只爱你一个人。

你激动得想哭，因为你印证的结果是他真的爱你，他还爱你。

你抱着他，一遍一遍说着：我也爱你。

然后你告诉了他事情的真相，这一切都是你对他的考验，你滔滔不绝地说着，表扬他，夸赞他……你还告诉了他你之前做过愚蠢的跟踪行为。

可是你发现他并没有很高兴的样子，脸上的表情反而有点僵硬了。

你问他怎么了。

他说没事，就是有点累，想早点回去休息。

你们各回各家，你还是抑制不住今晚的激动，在各种社交软件上大肆宣扬他对你的爱真挚而坚定。

你想打电话给他，说一些你对他的爱，刚拿起电话你想起他说有点累，就没打扰他。希望他好好休息，还想着周末一定要好好安排一下。

可是你兴奋得睡不着，跟闺密煲起了电话粥，先是大赞了一番对男朋友的考验方式，然后就聊起了八卦、衣服云云。

第二天一早，你很早就起床了，精心打扮了一番去上班，工作效率也高了不少，临近下班你想着约他吃什么好呢，你正要打电话跟他商量的时候，他的电话便打了进来，你为你们的默契而陶醉。

你接了电话听到他的声音，约你下班在某个地方见。

你挂了电话冲进卫生间，精心补了妆。

见面的第一句话却是：我们分手吧。

你万万没想到原来这才是考验的终极结果：分手。

你有太多问题要问，他先你一步说了出来：我没有爱上别人，也没有人爱上我，我在昨天见你之前，以及被你闺密堵在公司门口的时候还是非常爱你的，可是当你告诉我这一切都是对我的考验的时候我犹豫了，就是那一瞬间，我好像觉得忽然不怎么爱你了，或者不爱你了，我回家想了一宿，包括你对我的怀疑与跟踪，真的让我很受伤……

你拼命地挽回，最后都无济于事，你伤心地回家，缩进被子里大哭。你不理解这一切究竟是怎么了？怎么好好的突然就分手了呢？刚证明了他的爱，他怎么又突然不爱了呢？是我的问题吗？还是他压根从一开始就不爱我？

当我听到这个故事的时候，我的心里是唏嘘一片的。

爱情大抵是世界上最易碎的一件东西了，他关门不小心稍稍用力了一点，你都会觉得他不爱你了。我们倍加小心呵护着，捧在手心怕碎了，含在嘴里怕化了，然而不经意的一声叹息它就真的碎了。

不要妄图对你的爱情进行过度的考验，先不说爱情牢不牢固，你考虑过对方的感受吗？你觉得他最近好像不怎么爱你，你怀疑他出轨了，你各种侦查最后发现原来他只是由于游戏打输了或者球队0:5输了而造成的暂时情绪崩坏，当事情暴露的时候怎么处理？有些事情是没办法完美处理的，有些事情发生了就会造成裂痕无法修复。

你怀疑他去调查他的时候，便是对他的不信任，那么他接受的信号正是如此：你不信任我还来调查我，让我怎么信任你？

尤其是男人这种雄性动物，父系社会男权时代的禁锢深深流淌在他们的血液里。譬如，女人比男人更易原谅背叛。同理，大多数男人很难接受来自伴侣的怀疑。

爱情都是相互的，你对他热一阵，他对你痴迷一阵，没有哪个人能对你时时刻刻保持一千度，总有九百度、八百度的时候，别温度一降下来就瞎怀疑，对你的爱情有点信心，对你的爱人也要有点信心。

别总没事琢磨着他还爱不爱你，你要怎么考验他一番，后果很严重的，没准咔吧一声，你就把他的心给考验碎了，然后就再见了。有那功夫多琢磨琢磨两个人在一起的时候怎样做才算更有意义地度过。

〔不要
贪恋背叛男的温柔〕

京香终于做出了这个决定——分手。

在她做出这个决定之前犹豫了3个月之久。

听完京香的恋爱开端，我感觉还是比较清新文艺的。

她跟男朋友小凯交往了半年，两人是在京香公司附近的报刊亭认识的。京香追一本杂志，跟公司楼下报刊亭熟得不行，每次报刊亭到了新杂志都会给京香留出一本来。月初京香加班，比平时买杂志的时间晚了一些，到了报刊亭的时候正看到一个男生在跟大爷套交情，一定要让大爷把那本预留的杂志卖给他，为此他已经跑了半个城市了。大爷不肯，说是给老客户留的。京香适时出现，把杂志让给了那个男生。

就这样，他们认识了。

在共同喜好的基础上，两个人互相了解，彼此吸引，然后谈起了恋爱。

京香和小凯上班的公司离得比较远，一个在城南一个在城北。每天晚上下班，小凯都会乘坐1个小时的拥挤公交车到京香公司楼下接她（小凯的下班时间比京香要早半小时），然后两人吃个晚饭，再散散步，或者找个店坐会、聊聊天，抑或是看场电影。

最后，小凯送京香回家。

起初阶段，俩人的时间都比较富余，因为刚毕业都在公司实习，工作不多。随着工作经验的提升，分别转正，忙碌起来。俩人见面的时间也从每天缩减到一周三到四次，渐渐地，又缩减为只周末见面。

但是，这并不妨碍两个人的甜蜜。用京香的话说，小凯爱她爱得无微不至。她给我列举了一大堆的例子。譬如，吃饭会帮她拉椅子、挂衣服、拆一次性餐具的包装并摆好、倒水、夹菜；打车会帮她拉开车门并用手掌挡住车门框以防撞头；还很贴心帮她随身带纸巾；会牢记她的生日、生理期、俩人的纪念日以及各种细小的瞬间；出去旅行会查好攻略、订好车票、带好一切物品，包括止泻药、感冒药、创可贴、止痛片等。

如果我不拦着京香，她能给我说上一整天，而且她讲述的时候眼睛里满是幸福。

我想，这应该是照顾得无微不至吧。也许在京香看来，照顾，即是爱。

对，没错，对于一个姑娘来说，被一个喜欢的人无微不至地照顾着就是被爱包裹着，被蜜糖包裹着。

而那个男生肯这样细心贴心用心地照顾她，一定是爱她的吧。

京香讲到这里，这几乎是一场完美恋爱，是人人所向往的。

可是就在4个月前，京香发现了小凯在对自己好的同时还对另一个姑娘好。她发现了他手机上的暧昧信息。

京香拿着证据质问小凯，小凯承认了，全招了，交代是网上认识的，没见过面，只聊过几次。

小凯的认错态度极其诚恳，并且再三保证会把网友拉黑，以后绝不来往，也不在网上瞎聊了。

京香一想，还没有实质性的发展，恶果还没有酿成，而且小凯坦白从宽的认错态度还算良好。何况他那么爱自己，对自己那么好，就原谅他了。

初入爱河的京香对爱情的感悟并不深刻，她当时并不知道，男人出轨和跟女朋友之外的女性暧昧这件事儿上第一次被原谅的话，那绝对会有第二次。

有的浅尝辄止，有的则变本加厉。

小凯就是后者。第二次，小凯出轨了。

后知后觉的京香半个多月后才觉察出来。工作的忙碌让他们依旧只能在周末见面。某个周末，京香发现了小凯的脖子左侧与锁骨之间有一枚吻痕，京香问是怎么弄的，小凯说是自己不小心擦伤的，说得非常自然，没有一丝一毫的慌乱。京香都怀疑是自己错怪了他。

那次分开之后，京香心里还是不安。然而她想的问题，并不是如何拆穿男朋友的谎言，而是"如果他再次做了对不起我的事情，我该怎么办？分手吗？可是他对我真的挺好啊，公认的模范男朋友，如果分手了还能找到对自己如此好的人吗？原谅他吗？心里又好难过，如果他能做到以后一心一意对我好是不是就可以原谅他？"

京香决定先暗示他，让他主动交代，因为这样的话，还可以留出商量的余地。小凯一口咬定绝对没有跟别的姑娘暧昧。直到京香发现了小凯的另一部手机，上面短信日期、通话日期、照片日期都清楚地告诉了京香，小凯在对她好的同时也对另一个姑娘很好，把爱一分为二，完美地做到了爱的均衡分配，且爱的分量两边都很足。

小凯道歉、保证、发誓、悔过……京香不知道该怎么办了，只是一直哭。

后来她问我该怎么办的时候，我建议她选择分手，早分手早解脱，少受点煎熬。但是，京香仍旧犹豫不决，下不了决心。

我知道，她是舍不得。

舍不得他对自己的那份好，那份好的程度可谓是"山无陵，江水为竭，冬雷阵阵，夏雨雪"。京香非常享受被爱的感觉，就像被泡在温水里，逐渐被加温。

谁都想要这样的温柔、照顾、被爱；谁都体验过爱一个人的辛苦，被爱的舒服。当得到后，谁又舍得轻易丢掉。

放下某些东西确实很难，尤其是感情方面的。

可是在对方已经背叛了这份感情的情况下，即使再对你无微不至地照顾，你也该清醒了。

请放下你"被爱"的舍不得，你要清楚一点，你的心软、隐忍、原谅，无疑是告诉他：随你怎样吧，只要你继续爱着我，无微不至，随你怎样吧，只要最后玩累了，回来，我仍旧会原谅你的，我们继续我们的爱情。

如果这事发生在别人的身上，你一定会竭力劝分的吧，可是为什么落在你的身上你就犹豫了呢？谁都会舍不得。也允许你有舍不得的情感，但是请你在抱着你的舍不得的时候心肠狠一点。

有一句很流行的广告词，女人就要对自己好一点。放在感情里可以变成——女人就要对自己狠一点，当你看清楚这段感情满目疮痍，无法挽救的情况下，狠一点，当断则断。

狠一点就是对自己好一点。

舍不得一份感情其实正是痛苦的根源。你的舍不得，那是对自己的惩罚。

京香犹豫太久了，一直拖着，也试图去补救这份感情。这过程的痛楚只有她自己清楚。

后来她想清楚了，也许是因为承受不了这样的痛苦，终于决定分手了。

分手后她告诉我，觉得好轻松啊，原来自己把舍不得的感情丢弃之后竟是如此痛快。她已经准备好迎接下一份爱情了。

〔那些相敬如宾的恋人最后都分手了〕

有的人站在一起，给陌生人的第一感觉——他们就是一对情侣，说不上来具体哪里比较般配，反正感觉就是情侣。有的人即使真的是情侣，他们站在一起给人的感觉却一点都不像情侣。

连外人看起来都不像情侣的两个人的感情究竟是什么样的呢？

在陌生人看来，他们之间没有爱的感觉，所以才不像情侣吗？

连陌生人都看不出他们之间的爱意来，那他们之间真的有爱情吗？

我认识一对情侣，巨闹腾，没有一天不吵架的，为了一双袜子都能吵上一架。但是他们并不是那种恶语相加的仇恨级别的吵架，而是情侣之间的斗嘴。偶尔也生气，但是一方生着气突然笑了，另一方也会忍不住笑，然后相视而笑，眼睛里却满是温柔。

他们虽然吵得凶，但是从不说分手。最厉害的一次是因为她发现他手机里的一条暧昧短信。发短信的那个女孩他们都认识，一直对他都有意思。

他向她解释根本没什么，这条信息根本就没注意到，如果他们之间真有什么的话他肯定会把信息删除的。

她其实是相信的，只是借此机会撒泼加撒娇，想让他更疼自己一点。

但是情绪是很难控制的，即使出发点是好的，即使你没想发火或者闹大。

话赶话，两个人的情绪都失控了，她抓起衣服就要走，他没拦着，还说：走了就别回来。

她愣了一下，想说什么但没有说出来，出了家门。

据当事人后来回忆，两个人都想说分手来着，最终是忍住了。

她走后，他在沙发上坐了一会儿，然后猛地站起来追了出去。他慌了，这大晚上的万一出点什么意外。

最后他在楼下的便利店找到了她。而她怕他找不到自己故意站在显眼的便利店门口。

他向她道歉，她立马原谅了他。

他牵着她的手回家然后走到一半才想起来没来得及拿钥匙，她一摸口袋发现也没带，两人相视而笑，都被对方行为笑得不行。

幸运的是带了身份证，到附近的酒店过了一夜，第二天找开锁公司解决了难题。

虽然吵吵闹闹，但是我们都能真切地感受到两人之间是有爱的，而且是流动的爱。

其实爱这种东西，最藏不住了。就像上学那会儿你喜欢一个男孩子，你总是转过头装作看挂在后面墙上的时钟顺便看他几眼。与他擦肩而过的时候，你的心会跳得很快，他跟你课间说两句话你就会脸红，然后你要好的同桌问你：你是不是喜欢他？你矢口否认，然而恰好完全暴露你的心思。

男孩同样也隐藏不住"爱"这种奇妙的东西，绕过他们本身的自然生理反应，他们的求爱更直接更"暴力"，有爱藏不住，就算是藏着不敢表白，也会"满城风雨"，周围的朋友都知道，然后笑他尿。

相敬如宾的相处模式究竟是双方不够爱，有隔阂感多一点呢，还是双方太懂得互给自由的空间呢？

离我们最近的标准的相敬如宾模式的恋人大概就是包办婚姻那一代人了。媒妁之言，安排相亲，促使双方尽早完婚，然后相敬如宾地生活着，在未来漫长的日子里一点一点互相了解。有的日久生情了，有的凑合着搭伙过日子了，当然还有打了一辈子架以及离婚的。

虽然老蔡和女朋友不是包办婚姻，而是百分百纯自由恋爱，但是他们的相处模式，就是标准的相敬如宾。他们是大学时期就在一起的恋人，毕业以后的3年也一直都在一起，恋龄高达6年，坏消息是最近分手了。分手的原因并不是任何一方爱上了别人，而是彼此越来越相敬如宾了。

他们在大学的时候还是很相爱的，有很多人"献爱心"想攻克他们的堡垒都以失败而告终，那时候我们觉得，他们将来一定能在一起，我连未来随给他们的份子钱都提前几年准备出来了。

只是在后来毕业之后，他们的关系好像不那么要好了，渐渐地有了陌生感，相处的时间也变得少了，因为老蔡一次又一次地出现在我们周围，有时候我们出去小聚故意不叫上老蔡，为的就是老蔡能跟女朋友多待着。

我问老蔡跟女朋友之间怎么了？

老蔡说挺好的，客客气气的，也没矛盾，也不吵架，生活如流水，平静而静谧。

这一说就有问题，我听着跟一潭死水似的。爱情最怕这个——死寂。那表明他们之间的感情在某种程度上已经死掉一部分了。

爱情在疲惫期的时候，男人很喜欢保持距离、疏远对方，这就是为什么男人都爱说那一句——我想静静。

当你放任他去静静，他就很容易喜欢上这种感觉，终于不再为这件事烦恼了，多好，各自照顾自己，相敬如宾。我也可以去做我想做的事情，痛痛快快玩几局游戏，看个大片，耳边没有你喋喋不休的废话。

哇，这个世界终于清静了。

这就是男人所期望的，而女人恰恰相反，你只要不理她超过几秒钟她就会发疯，而发疯的常见做法就是分手。

于是，男人的世界真的清静了。

老蔡和女朋友的爱情是被时间打败的，日子一长他们烦了厌了，彼此竟会客客气气的，最后关系糟糕极了，连他们自己都分不清他们的关系究竟是什么关系了——恋人不像恋人，朋友不像朋友。

话说回来，好朋友之间也没有那种相敬如宾的感觉啊。你会跟你的闺密一口一个"谢谢"一口一个"麻烦"了吗？你会跟你的好兄弟见面说"您好"，分开后说"再见"吗？估计都是那种见面骂来骂去，互相叫外号，分手让对方滚蛋的做法。

还有那种一开始就相敬如宾的情侣，我见过的大多数都没有结果。

总之相敬如宾等于不够爱。你男朋友对你每天恭恭敬敬的，没事就说"您"，各种尊称，帮忙递个东西都说"谢谢"，字正腔圆，你别扭吗？

不够爱的两个人能走到最后吗？

虽然我用了一个问句，但是我知道你心里有非常否定的答案。

　　我们得到一些东西，也会失去一些东西。譬如，我们谈恋爱了，也许会失去一些朋友。

　　恋人同友人或者蓝颜红颜什么的，几乎在某种程度是水火不相容的。例如同居之后，你是男的，你谈恋爱了女朋友会允许你出去疯？或者说鬼混。你女朋友会允许你周末喝酒喝到半夜？会允许你跟一些异性朋友一起单独相处？又或者你是女的，你男朋友不会因为你某些关系好的异性朋友而吃醋？蓝颜就更加不能容忍了，有时候你的闺密都会成为你男朋友的敌人。

　　蓝小姐有一个外号叫作"终极开心果"，能获得这种终极外号的人在朋友之间绝对是特别特别受欢迎的，而且蓝小姐是天秤座，向来有"交际花"的能力，让她在朋友间最受欢迎。

　　天秤座的姑娘有一个特点，对人特别好；天秤座的姑娘还有一个特点，对朋友比对男朋友好。所以，蓝小姐谈恋爱之后就更好玩了——蓝小姐跟余先生在一起后我们看到的现象不是蓝小姐吃醋，反而是男方余先生吃醋吃得紧，大口大口的。

　　因为蓝小姐的时间几乎都是留给朋友的，大部分的关心也留给了朋友。起初余先生觉得也没什么，但是时间一长总也得不到女朋友的"关爱"就有点不是滋味了——凭什么啊？我是你男朋友啊？你为什么跟她（他）待着的时间比我还长？为什么特别愿意跟别人去玩耍？为什么跟朋友在一起就特开心？本来时间就不多，周末还都安排给了朋友，我瞒着你买了电影票想周末约你看电影然后吃顿大餐，电话一打过去可倒好，你跟朋友们正唱K呢……

有一次，蓝小姐想去逛街买衣服，给男朋友打电话让他陪着逛街。余先生想："哼，你朋友呢？你闺密呢？"越想越气。于是就想让她也尝一下自己没时间陪她的滋味，余先生果断拒绝了。

蓝小姐是有些失落的，不过朋友众多的蓝小姐并没有犯难，于是约了一个男同事做劳力（拎东西、买水）。

这事儿蓝小姐并没瞒着余先生，事后原原本本地告诉了他：你那天没时间，一个男同事陪我逛的街。

余先生知道后暴跳如雷、大为恼火。

余先生指责女朋友："我还是不是你男朋友了？"

蓝小姐装作很无辜的样子："是我男朋友明明有时间，还装作没时间的样子不陪我逛街。"

余先生哑口无言。

还有一次，是余先生出差半个月回来，两个人分外想念，鉴于余先生只回来一天，第二天一早还得出差半个月的情况，俩人商量着疯狂一夜，于是在白天疯玩了一天，晚上落脚在一家很高级的酒店休息。

由于只待一夜，时间宝贵，所以余先生分外珍惜，制造各种情调与气氛，当俩人都洗完了澡躺在床上后，蓝小姐的手机响了，是闺密发来的消息，称失恋了，很痛苦很伤心很需要安慰……然后蓝小姐就一直陪着闺密聊天，余先生在旁边黑着一张脸探头探脑的。

等到蓝小姐与闺密聊完之后，转头一看，已经凌晨两点了，余先生早就睡着了。

第二天早上，余先生醒来心情极差，简单地洗了一把脸就去赶飞机。蓝小姐心生歉意，觉得自己确实忽视了男朋友，于是果断买了张机票陪着余先生去出差。

这场原本要发生的感情大危机才得以化解。

蓝小姐对余先生的感情还是比较深的，之后便有意与朋友们疏远。当然，主要疏远的是以前玩得好的一些异性朋友，蓝小姐尽量把时间都花在感情上。渐渐地，疏于联系，蓝小姐失去了一些朋友，尤其是异性朋友。在蓝小姐看来这是一种损失，毕竟失去了朋友，但在余先生看来应该是好消息了。

我还有一位朋友——柯小姐，她跟蓝小姐的类型完全不同，她是那种谈个恋爱非常黏男朋友的女生，恨不得每分每秒与之在一起，尤其是热恋期。那一阵子柯小姐一直未露面，就连我们的聚会也不参加了，就好像"嗖"的一下从地球上消失了。

柯小姐的男友我们是认识的，在我们一次组团BBQ的时候，他出现了，跟逃难似的过来的。我问他怎么了？

他拍拍手说："我骗柯小姐说出来见客户才躲出来的。"

柯小姐的男朋友说自己快疯了，连续几个月，除去上班剩下的时间都是与柯小姐"面对面"相处的，从没见过朋友，哪怕是与陌生人聊上两句都没有，就连上厕所柯小姐都在厕所门外跟他聊着天。

后来柯小姐的男朋友经常以各种理由出来见朋友，哪怕是跟街边的一只流浪狗也能玩得分外开心。

他不是不爱柯小姐，只是爱情也有疲惫期，尤其是过度地消费爱情会让疲惫期提前来临。

后来柯小姐觉察出了这点，一度怀疑对方出轨，但又苦于没有证据，最终以大闹一场收尾。

我跟柯小姐讲些烂大街的爱情理论，如恋人之间是需要空间的等。

柯小姐说她明白的，只是特别黏男朋友，以至于远离了曾经亲密的朋友们，后来都变得不怎么亲密了。所以，当她发现彼此需要空间的时候，他去空间里自由了，而她是孤独的。

牛津大学一项未发表的新研究表明，从经济关系的角度来看，恋爱是有代价的。这个代价就是失去两个朋友。人类进化研究专家布莱恩·邓巴组织过一项调查，当调查者被问及当他们恋爱时，他们的核心密友圈有何变化。调查结果显示人们通常有五个亲密的朋友，为了把更多空间留给恋人，密友圈的人数必然会减少。

我们是需要生活圈子的，尤其是朋友圈子。因为有些事情你是无法跟恋人言说的，但是可以跟朋友或者闺密聊一聊。譬如你会跟你的现男友分享前男友的事情吗？抑或你会跟男朋友吐槽某个帅哥，但是你绝对不会跟男朋友交流你意淫某个帅哥。

反之，我们男人在欣赏某个姑娘，或者说心生爱慕的时候，只能进行同性朋友之间的"学术探讨"。

鱼和熊掌不可兼得，有时候爱情与朋友也不可兼得，可无论是鱼和熊掌，还是爱情与朋友，我们都想兼得。这里面如何权衡，还需要根据你自己的实际情况做考量了。

〔**男人都想要**
自由与和平〕

　　如果问男人在恋爱中觉得什么是最重要的，那么便是自由与和平。

　　女人是向往安全与归宿的动物，她们需要安全感，需要依靠，需要一棵大树遮蔽风雨。而男人是向往征服与自由的动物，他们需要证明自己，需要自由翱翔，深切地感知自己是存在于天地之间的。

　　其实都是相对的，就像男人的占有欲比较强烈，女人的控制欲较为强烈。

　　L姑娘就是一个控制欲非常强的人，她找男朋友有一个标准是必须言听计从，不然免谈。

　　一个我认识但不熟的朋友喜欢L姑娘，向我打听追她的必杀技。

　　我说首先让自己成为泥巴。

　　他没明白。我继续解释：成为泥巴，随意L姑娘捏来捏去，她想把泥巴捏成什么样，就得是什么样。

　　朋友好像获得了泡妞宝典，兴冲冲地去约L姑娘。

　　没想到的是，朋友竟然成功了！后来才知道L姑娘之所以同意，是因为这个朋友是她见过的最好捏的泥巴，也许是唯唯诺诺的性格使然吧。总之，两个人在一起了。

两个人在一起后的第一次正式约会是在一家电影院门口，L姑娘的指令是：穿一件格子衬衫（L姑娘最喜欢瘦瘦且有骨架的男生穿格子衬衫，觉得分外好看）、牛仔裤，左手拿一束鲜花（玫瑰太俗，必须是粉色的百合），右手拿一杯她最爱喝的拿铁，站在门口最显眼的位置（花坛）上等她。

我觉得L姑娘的要求很苛刻，提醒她不要第一次正式约会就把人给吓跑了。L姑娘不以为然，她说这都是她故意为之，就是为了考验考验他，看他听不听话。

朋友还真照做了，第一次约会也还算是圆满成功。

第二次约会是在游乐场，朋友依旧非常听话。朋友打扮成卡通玩偶在游乐场约定的地点晃悠，等待着L姑娘的出现。这都是L姑娘的要求，让男朋友打扮成游乐场里的人形玩偶，身边围着一群小孩和一个漂亮姑娘，但是这个玩偶只围着L姑娘转。

L姑娘说，她享受这种感觉。

还好当日的天气并不炎热，不然非得中暑不可，就算不中暑也得捂出一身痱子来。

L姑娘的"捏泥巴大法"五花八门，朋友竟然照单全收，逆来顺受。

我们都不禁感叹，L姑娘终于遇到对手了，这两个人简直是天造地设的一对，绝配。

两个人的感情还算是比较稳定，没几个月就搬到一起住了。

朋友与L姑娘第一次吵架的原因是朋友工作的事情。朋友是做活动策划的，加班出差是家常便饭，L姑娘胆小，特别害怕夜晚，身边没人不敢睡觉。之前L姑娘跟她的一个小姐妹住在一起所以不害怕，现在跟男朋友同居，只要男朋友加班或者出差，她一个人就只能一宿一宿地睡不着。

起初几次L姑娘都硬挺过来了，谁还不加个班啊。但是男朋友加班和出差的频率比较频繁，L姑娘就受不了了，给了他两种选择：第一，辞职换个不加班不出差的工作；第二，拒绝老板的加班和出差安排。

显然，第二种选择几乎不可能实现，在经历争吵之后朋友只能选择换一个工作。

可是同类型的工作还是解决不了问题，朋友只好换了一个工种从零开始。

L姑娘还规定了，现在住到一起不能再像以前一样了，特此规定：喝酒的聚会不能去；有异性的聚会不能去；每天下班必须回家，且不得耽误一秒。

朋友和L姑娘的第二次大吵是因为刷碗。比如，两个人分工做一顿晚饭，本来是一件挺浪漫且能增进情侣感情的事情，可是一件看似浪漫的事情却暗藏"杀机"。

是这样的，L姑娘负责炒菜，朋友负责煮粥以及刷前夜留下的碗和盘子。分配好后开始行动，L姑娘开始摘菜、洗菜，准备炒菜，朋友着手洗盘子洗碗。

L姑娘说："你就不能先用锅接上水烧着，这样你洗完盘子和碗后就可以直接放米了，我炒完菜粥也就好了，你会不会节省时间？"

朋友说："你这不是等着用盘子盛菜吗？我先给你把盘子刷出来。"

L姑娘说："按我的顺序来。"

朋友说："你炒你的菜就别管我先刷碗还是先烧水了。"

就这样，话赶话吵了起来。

而且，这次争吵爆发的能量还不小，连局外人的我都波及了。朋友找我诉苦，痛斥L姑娘连他刷碗的顺序都得控制。

其实刷碗只是一个导火索，朋友是长期压抑导致的情绪崩坏。

朋友觉得大到工作小到刷碗都得被L姑娘控制着，喘不过气来。他觉得没有自由。

其实，男人要的自由并不是出去喝酒啊、聚会啊、撒欢啊等，自由更重要的是一些细微的东西，比如周末我在家里休息，我想在床上多躺会儿，她要干涉，不允许我躺着，非要我坐着；抑或是，我躺的这个姿势她不喜欢，要换一个她喜欢的姿势重新躺着。

再说和平，感情里的和平指的是两个人的融洽相处，最好是没有纷争。没人喜欢争吵，尤其是男人，不喜欢吵架，有个段子这么说：能动手尽量别吵吵。前文说过一个女人等于五百只鸭子的例子，没有一个正常人喜欢在五百只鸭子中生活。

都说女人爱吵架，其实也不是，女人也不喜欢吵架，吵架对一个女人来说，伤害真的挺深，尤其是在女人特殊的日子里，争吵对身体的伤害更深。大吵完后，她们会觉得浑身难受极了，简直要爆炸。

和平，即是不争吵。

这么说吧，如果一个男人不能给一个女人安全感与归宿，那么这个女人必将离开他。反之，如果一个男人跟一个女人相处，没有自由没有存在感且不和平，那么这段感情也长久不了。

朋友和L姑娘之间矛盾累积越来越多，最后不得不分开，L姑娘的控制欲让朋友感到害怕，他无法呼吸，没有自由，"战火"随时会点燃。

还是那句话，女人穷极一生都在寻找安全感与归宿；男人穷极一生都在追求自由与存在感，当然，和平是人人向往的。

也许L姑娘认为的安全感是男朋友听话照做。不过要把握一个度，过火了，就是操纵。没人喜欢自己的人生被别人操纵着，像一个提线木偶，每一步都不是自己想迈的。

Chapter 3

爱情的
正确打开方式

〔*所有深爱都来自*
他给你上药的那一刻〕

老肖说他从来没有如此爱过一个女人。

老肖是一个情场老手了，有一身"万花丛中过，片叶不沾身"的功夫，他向我们吹嘘：他的纪录是曾经三分钟追上一个女孩。

老肖说的那个他深爱的女孩我们都管她叫拉拉。此拉拉非彼拉拉，一个单纯的名字而已。

而拉拉就是那个三分钟女孩，人证物证俱在，我们深信不疑且佩服至极，捧老肖为"追爱大师"。后来拉拉偷偷向我们透露，我们才知道，原来拉拉一直就暗恋老肖，恰好有个机会让老肖完成了他人生中最辉煌的三分钟纪录。

老肖说这姑娘这么好追，他也就抱着谈着玩的态度，一旦发现不合适或者不爽了就果断分。

这一向是老肖的情场风格，我们都习以为常了。可是当他说出"我没有如此爱过一个女人"这句话的时候，我们费解了。

不对啊，这还是老肖吗？不是号称一辈子都不可能被女人锁死吗？怎么忽然就深爱了，心甘情愿地画地为牢，老肖转性了？还是爱情的力量太过于惊世骇俗，能把不可能变为可能？

肩负解密男人这一特殊动物的责任，我请老肖吃饭，以便打探虚实。

老肖大学学家装出身，毕业后做了个工作室，专门帮人装修小户型，两年时间，积累了一些口碑，工作室扩大了，也招了一些人。

只一次老肖看走了眼，进了一批质量不好的门，装修完遭到了业主的成批投诉，长达数月老肖一个活也接不到，口碑也满目疮痍，眼看就干不下去了，然后老肖把最后的一点钱分给员工，工作室彻底宣告解散。

一般情况下，人生中的第一个坎儿都是很难过的，那是老肖最失意的一次了，老肖就把自己锁在家里，谁也不见。

拉拉特别担心老肖，奈何老肖跟闭关似的，拉拉当时的做法特夸张，她特地去户外店买了帐篷，就驻扎在老肖家门口的楼道里了。

白天拉拉隔着门跟老肖聊天，讲一些安慰的话、好玩的事，回忆一些两个人在一起的画面等，晚上为了不扰民，拉拉就把想说的话写在纸上从门底下的缝隙里塞进去。

连续三天，老肖终于开门了，蓬头垢面胡子拉碴的，一把抱住拉拉，嘴里不停地说着谢谢，说了大概半个小时。

老肖给我们讲的时候眼睛里都噙着泪花。

拉拉在一旁脸红着，"拆台"道："你们知道吗？那半个小时是我人生中最难熬的时光了，老肖身上的酒味、臭味、酸味、烟味混合在一起，都发酵了，熏得我都失去意识了，真不知道他那三天是怎么过的……"

我冲拉拉竖起大拇指："牛啊，这味儿都没把你熏跑，真爱啊。"

拉拉说："熏成那样了，换你还跑得动？"

我们哄堂大笑。

拉拉在老肖最失意最需要疗伤的时候给他上了一剂药，帮他治愈，就算没能及时治愈也在很大程度上缓解了"病痛"。老肖感激她，热泪盈眶地感激她，是建立在爱的基础上的感激。

拉拉守着老肖的那三天，老肖还不太理解拉拉能爱一个人爱到在楼道里守三天。但是，在后来的日子里，他们俩经历了更多的事情之后，老肖说他明白了自己为什么会对拉拉这么爱。

他说："几乎在每一个我觉得自己最低落的时候，都是她伸手拉了我一把。所以，当我不低落的时候，我就会想把我能给的最好的爱给她。"

我还认识一对模范情侣，他们的爱情纯净美好且坚固。暂且称他们为模范先生和模范小姐。

那个时候他们还没有走到一起，而是各自在另外的人身旁扮演着女朋友和男朋友的角色。

模范小姐只谈过两次恋爱，初恋是中学时期的同学，第二次自然便是模范先生。但实际上模范小姐的初恋只存在于表白失败的那一天，其余时间都是模范小姐的暗恋，所以从某种意义上来讲模范先生才是她的真正初恋。

中学那会儿，模范小姐一直暗恋着同班男同学，一直没有勇气表白，傻傻呆呆默默地喜欢了三年。

考大学那会儿，模范小姐想方设法旁敲侧击地打探出暗恋男同学的志愿如何填，然后照搬了过来。

算模范小姐运气好，真的与暗恋男同学考进了同一所学校。

男同学在校园里遇到模范小姐后说的一句话是："嘿，好巧啊，你也考上了这所学校。"

模范小姐说：“是啊，好巧。”

多轻松的对话，男同学并不知道模范小姐为了考进这所大学费了多大劲，可是男同学也并不需要知道，因为这全是模范小姐的一厢情愿罢了。

在大学里又过了两年，模范小姐还是没敢表白。

到经常聚会的小饭馆里，我们骂模范小姐尿，轮番骂。因为这么多年过来，我们为她出过太多的主意了，而她就是不行动，作为朋友的我们都失去耐心了，唯有刺激她。在我们轮番的轰炸下模范小姐爆发了，大吼了一声，“咚……咚……咚……”灌下一瓶酒，我们一看有戏，这叫酒壮尿人胆。

然后只听模范小姐说：“对，我就是尿。”

这下轮到朋友们轮番叹气。

再然后听到模范小姐小声嘟囔：“真的好喜欢他啊。”

朋友夏炎说：“喜欢有什么用啊，你不告诉他，他怎么知道呢？你不告诉他怎么又知道他不喜欢你呢？这话我跟你说五年了，光喜欢没用。”

其实我们瞒着模范小姐找过他，也告诉了他模范小姐喜欢他。人家男同学说：“她喜欢我怎么不自己跟我说？你们一票人过来跟我讲是什么意思？难道都喜欢我？”

夏炎说完后模范小姐没作声，夏炎又说：“我过来找你们的时候在学校门口看见了一个女的，正表白呢。”

我问了一句：“跟谁啊。”

夏炎看了一眼模范小姐说：“还能跟谁啊，有的人尿并不代表所有人都尿。”

模范小姐看着夏炎，愣了一会儿，然后猛地站起身来冲出了小饭馆。

我担心模范小姐跑过去人家已经成了，问夏炎："那个男的同意了没？"

夏炎嘿嘿一笑："我瞎掰的。"

我们齐齐举杯敬夏炎。

直到吃得昏天黑地，我们四下散去的时候模范小姐都没有再回来，也没有她的消息，不知她是直接冲到暗恋五年的男同学面前大胆表白了呢，还是跑回了宿舍缩进被窝里一困到底？

第二天，我在学校操场撞见模范小姐问她怎么样。

模范小姐黯然神伤地说："人家早就有女朋友了。"

我们一直在操场上坐着，谁也不说话，只是周围很嘈杂，过了很久听见模范小姐说："我失恋了。"

还没有恋就失了，大抵是最无声最悲伤的吧。我知道此时模范小姐特别难过，最需要有人陪着，可是那个人肯定不是我，那个人必须是一个新闯入模范小姐世界的男生。

就是在这个时候，模范小姐遇见了现在的模范先生。就在我绞尽脑汁想说些什么话安慰她的时候，一只篮球落到了模范小姐仰望天空的脸上，模范先生小跑过来，一脸歉意，模范小姐看到模范先生，都呆住了。

模范先生说："实在不好意思。"

模范小姐说："同学，我现在非常难过，我刚失恋了，我很难受，你还拿球砸我，我更难受了，我怎么这么倒霉？"

模范先生说："不然我请你吃饭吧？"

后面的故事便是，俩人吃了一顿饭，模范先生觉得模范小姐非常难过就安慰了好久好久，模范小姐还给他讲了她五年暗恋的故事，模范先生骂她傻。

后来模范小姐表白了，她说："感谢在我最需要你的时候，你出现了，既然出现了，我便不想你走了，我们在一起好不好，一直在一起。"

当然是成功了，两人一直好到现在，模范先生对模范小姐各种关爱，公认的模范情侣，羡慕嫉妒恨死周围一票人。

无论是模范小姐还是老肖的爱情，在我看来都挺幸运的，他们的幸运在于在他们最需要的时候，遇见了一个恰好能够陪在身边的人，而这个人刚好又是对的人，于是遇见了就没有再分开。

同时，我也在想，是不是因为人在失落的时候，心理的防线最低，所以容易被人乘虚而入？

这样的说法似乎也能够说得通，但其实更确切的说法应该是：因为在心理防线最低的时候，其实也是最容易转变的时候。这个时候有人出现了，他给了你一剂疗伤的良药，所以你也会记得这一刻慰藉的感觉。

于是，当爱情出现问题或者对方陷入某些低落情绪的时候，你懂得如何去给对方安慰。

久而久之，普通的男女之爱变成了心灵上的互通，甚至变成了相互扶持。

我曾经问过周围很多的朋友，是哪一刻让你觉得"我的下辈子就他了，再也不换了"或"我要对她负责"之类的。几乎大多数人所说的那一刻都是在他/她情绪低落的时候对方某一个举动，让他/她觉得两颗心无比靠近。

世界上有很多的爱情形式，无论我们以什么样的途径，什么样的方

式开始这段爱情，所有深爱的瞬间，都是在你心灵受伤，他给你上药的那一刻。

所有深爱，都来自于你低落到觉得世界只有自己的时候，而他恰好向你伸出手来。

愿我们的爱都可以有所托，愿我们的爱都不被辜负，愿我们在受伤的一刻，都有一剂良药。

〔闺密是个危险人物〕

闺密是你最亲近的朋友，你与她分享一切秘密，甚至是关于男朋友的、前男友的，或者情人的。你们可以聊任何事情，悲伤的、刺激的、难为情的，你们还可以吐槽任何人而不担心被出卖，你们亲密无间，甚至约定好如果以后都找不到男朋友就一起过一辈子。可是如果你有男朋友，千万别把闺密拽入你与男朋友的生活里，因为他看待你闺密与你的角度是不一样的。

刘夏与朱晓梅是绑在一起的冤家，我跟刘夏和朱晓梅认识是在一个编剧讨论会上，那时候要做一个系列剧，老板请来了很多外援，其中就有他们。现场有三个人没胡子，其中俩人是我和刘夏，另一个就是朱晓梅。这会开了很长时间，从下午四点钟一直到晚上十二点才散，期间还有人睡着了。结束后各自散去，我跟刘夏、朱晓梅一起到了楼下，他们邀请我一起去吃夜宵，我不好意思拒绝就去了。

我们找了一家二十四小时营业的烧烤店，经过简单了解后才知道他们并不是情侣，但是明显觉得俩人特别熟悉和亲密。朱晓梅说他们认识快十年了，没在一起是因为彼此太熟太了解了，身上的那点臭毛病闭着眼都能指出来。可是我分明能从朱晓梅对着刘夏说这句话的时候眼神里看到有一些亮闪闪的东西。我想朱晓梅是喜欢刘夏的吧，不知道喜欢了多少年了。

夜宵吃了将近一小时，他们笑骂了将近一个小时，互相都看不惯对方，讽刺、挖苦，但都不真生气。不知道的人肯定认为他们是一对。

第二次见到刘夏，朱晓梅没跟着，她跟闺密逛街了，当时忘记聊什么来着我突然问道："你应该知道朱晓梅喜欢你的吧。"

刘夏点点头："知道。"

我又问："那你喜欢她吗？"

刘夏说："不喜欢，其实她也不怎么喜欢我，她嫌我懒散不上进，任何事情都不顾及她的感受，我烦她话多事儿多太作。"

我忽然想起很多身边相熟的男女，他们都说：我们谈恋爱谈不了，搭伙过日子还凑合。

照刘夏的意思，他们连搭伙过日子都没戏。

我问刘夏跟朱晓梅谈过没，一天也算。刘夏说上大学那阵是有几天确定在一起过，不过谁也受不了谁就分开了，还是做朋友最合适。

又过了很久，我忽然接到朱晓梅的电话，邀请我到她家做客，我奇怪地问："有什么说道没？"

她说她跟刘夏恋爱了。

挂了电话，我不禁感叹道："男人啊，你的名字叫口是心非啊。"

在朱晓梅家，我还认识了另一个姑娘——小雅。她是朱晓梅这辈子最好的朋友，学名叫作闺密。

而小雅是这个故事里最无辜的一个人。

我找刘夏说悄悄话，问他你不是不喜欢朱晓梅吗？刘夏似乎很苦恼，说："意外啊，前天晚上我喝多了，她乘人之危趁虚而入，玩阴的。"

我骂道："别得了便宜还卖乖。"

刘夏说："还行吧，朱晓梅除了毛病多点，其实还是挺好的。"

听刘夏这么说，其实他心里还是挺喜欢朱晓梅的。

这顿饭吃得还算愉快，期间朱晓梅一次都没有呛过刘夏，表现得跟贤妻良母似的，一时间还真不习惯。

再后来一次刘夏跟朱晓梅吵架跑到了我家。我问怎么了，刘夏摆摆手懒得讲，说还不是朱晓梅那些臭毛病。

说白了就是双方脾气有点相冲。

后来，两人吵架越来越频繁，他俩吵架可苦了我家的冰箱和朱晓梅的闺密小雅。因为每次吵架刘夏都会过来扫荡我冰箱里储存的食物，小雅都会过去陪着朱晓梅安抚情绪。

以至于后来发展到只要刘夏觉得要吵架了就偷偷给小雅打电话让她过来调解，然后自己趁机溜出来扫荡我的冰箱。

我一度以为，他俩吵架是幌子，他扫荡我的冰箱才是最终目的。

我劝道："这么下去也不是办法，总是吵，你总是跑，你们的问题永远解决不了，你们就没有试着互相妥协解决问题吗？"

刘夏说："我试过，没用啊，只要朱晓梅的脾气上来了那嘴巴跟小刀子似的，都能把你说到地缝里去。"

我边陪他喝酒边听他吐槽："你说物以类聚人以群分吧，可她朱晓梅怎么就这么特立独行呢？你看人家小雅脾气多好，多优秀，又有女人味儿，我觉得人家哪儿哪儿都好，她朱晓梅还跟人家好朋友呢，这俩人朋友怎么就能做到一起去呢，我就纳闷了。"

我赶紧警告刘夏："你可别犯错误啊。"

刘夏说："放心，我就是说说，我就不明白了，小雅经常过来玩，她们俩站一起就是鲜明的对比啊，一个自由女神像一个稻草人，我都替朱晓梅不好意思。"

刘夏对比了半小时小雅的好以及朱晓梅的不好，夸得小雅跟仙女似的。

再再后来就更有意思了，朱晓梅怀疑刘夏对小雅有意思，我猜刘夏肯定在朱晓梅面前夸小雅来着，估计是当时吵架都失去理智了，刘夏挺聪明一人，但凡残余点智商也不至于办出这事儿。

这么一闹，朱晓梅与小雅的关系也闹得很僵。

尽管刘夏解释清楚了，但是朱晓梅心里的疙瘩还是很大的，大抵是朱晓梅太爱刘夏，太怕失去他，哪怕是他生气故意刺激一下她，她也害怕。

小雅也特意疏远了朱晓梅，不敢与之接触，虽然抢闺密男朋友这种事她办不到，但是怕误会啊，有些误会是一百张嘴都解释不清楚的。

当你们在生活中暴露越来越多的问题、缺点，形成愈来愈多的矛盾时，如果你时常与女闺密为伍，那么你的闺密就会成为一个标杆。他会想，为什么你这么作这么烦人这么折磨我，你的闺密却那么完美？

大多数情况，这只是他吐槽或者隐秘的心理活动，对你的闺密并无心思。可是如果你看出来了，并且开始起疑心或者揪住他不放，非得问出个所以然来，这可能就会变成某种提醒：对啊，她闺密那么好，对啊，真的挺好的，不如在一起？

我们的生活中，也有不少女孩的男朋友跟自己的闺密好了的，怨天怨地就是不想想自己，是你给别人机会的。

即使不是闺密，也不要把女性朋友经常拽到男朋友的面前，或者拽进你和男朋友的生活里，对比往往就是这么来的。

我认识两个特别聪慧的女子，暂时称为A姑娘和B姑娘，典型闺密。她们在这方面处理得很好，彼此的手机里都不会存对方男朋友的号码，即使其中一对吵了架，另一方帮调解或者出气也很巧妙。

譬如，A姑娘跟男朋友吵架了，跑到B姑娘那里哭诉，B姑娘一听这还了得，那人怎么能这样呢？于是先帮闺密出气，拿起闺密的手机拨通A姑娘的男朋友的电话，大骂一通，然后再安慰A姑娘。

再譬如，B姑娘跟男朋友吵架，B姑娘不知道跑去了哪里，B姑娘的男朋友很焦急，就会给A姑娘打电话。但是A姑娘的手机里没有B姑娘男朋友的电话（微信和QQ之类的也没有），所以A姑娘的来电显示是陌生号码而不是B姑娘男朋友的名字。

即使收到某一方男朋友的短信，诸如，"你还好吗？睡了吗？有时间吗？"这种类似的短信，也会被当作陌生号码而忽略掉。

A姑娘和B姑娘不会存对方男朋友的电话号码，但是她们的男朋友可能有女朋友的闺密的电话号码，这样做是为了防止一些吵架想不开、离家出走等突发事件。

后来因工作原因遇到刘夏问及他和朱晓梅的感情问题，他说差不多和好了，只是她和小雅的关系很僵，很少来往了。

这件事其实挺悲哀的，但悲哀的事情又特别普遍，我们身边有多少因为爱情而失去朋友的故事呢，太多太多了。

他很慷慨

一般情况下，男人是比较慷慨的。比如在金钱上、男人与男人之间的相处上……学生时代尤甚，钱都是可以放在一起花的。男人对于女人则会表现出更加慷慨的模样，这大抵是希望在异性面前表现出更加"男子汉气概"的一面，尤其是感情上——他们慷慨起来一塌糊涂，能借出去，使劲儿借还不用对方还。

有姑娘说，这就是男人的多情，然后横眉冷对，喊着"最恨多情男，打倒多情男"的口号。

潘的男朋友大猫就是这类"慷慨型"的，他们的相恋大约在冬季。他们是在网上认识的，在同一个某某沙龙的群里，正好群里举办一次线下活动，大猫在做分享的时候语言风趣，特别吸引人的注意，潘也被大猫身上的某种说不清道不明的气质吸引了。在活动结束的当口，有一个互相交换联系方式的环节。潘本来是想找大猫要联系方式的，但是她本人比较害羞，所以犹豫了很久都没有行动。

活动散场后，潘收拾好东西要走，突然有个声音叫住了她："嘿，你是潘吧？"

潘一回头，大猫正笑着说："我是大猫，方便给我一个你的联系方式吗？"

就这样，两个人正式"接上头"了。

大猫是属于那种活跃型的，经常拉着潘参与一些线下活动，在潘的眼里大猫是一个很优秀的人，社交能力很棒，每一次在人群中都是最耀眼的那一个。

潘说她就像一个虔诚的信徒一样。

我听她这么说的时候觉得也挺正常的，谁不喜欢优秀的人呢？深爱一个优秀的人没问题，一度羡慕他们的感情真好。

后来的问题恰恰就出现在这上面了——大猫的优秀招很多人的喜欢，再加上大猫有点"慷慨"，那就容易出问题了。

大猫的一个女同事就挺被大猫吸引的，大猫也是个明眼人，明白女同事的意思，一起吃过几次饭，看过几次电影。当然，这一切都做好了保密工作，潘后来才知道。

还好，大猫与女同事的关系，一直止步在吃饭看电影的阶段。

还有一次潘带着大猫去跟闺密吃饭，大猫再次成为焦点，逗得潘的闺密笑个不停，潘在一旁脸都绿了，大猫却浑然不知，肆意展现着自己的"魅力"。

回去的路上潘不高兴地问大猫："吃得还高兴吗？"

大猫乐呵呵地回答："挺好的。"

潘问："我闺密怎么样？"

大猫："挺好的。"

潘："漂亮吧。"

大猫："还行。"

潘："喜欢吧。"

大猫摇头："不喜欢。"

潘："看你上劲的那样。"

后来两人大吵了一架。

在以后的日子里，类似的事情发生了很多次。大猫一直暧昧，虽然没有实质性的发展，但是潘还是极其难受，一次次的累积让潘越来越忍受不了。但是潘一直舍不得跟大猫断绝，毕竟付出了那么多年的感情，一旦断绝付之东流，就像失去了什么似的。

潘常常这样安慰自己：他也许只是感情泛滥了一点，需要随时溢出一点去，仅仅是洒出去点而已，无伤大雅，没有到背叛、出轨的那一步。

最后他们还是分开了，是大猫主动提分手的，还告诉潘他与她的闺密在一起了，早就在一起了，很抱歉一直没有告诉她。

潘伤心极了，哭了一宿，也痛恨自己为什么在发现问题之后没有果断地断绝。

如果当初果断一点，那么说分手的那个人便是她了，这样心里或多或少会比现在好受一点。

"慷慨"的他们到处肆意地施展"男人魅力"，对女朋友的朋友、闺密，对异性朋友、异性同事，只要是异性都会倍加"关心"。哪怕是他们对待一只母狗的态度，都比对待一只公狗的态度要好。对，就是如此慷慨，把爱洒满人间。如果能随便到外太空旅行的话，这类男人一定会毫不犹豫地把爱播种到外星球上。

有时候男人"慷慨"并不是一件好事，特别是在爱情里。

他只想占着你

还有一类男的，他只想占着你，但永远不会说爱你。

你与他恋爱，大多时候是你以为跟他在谈恋爱，他对你很好也很照顾，细节上做得也不错，男朋友应该做的都做到了，可是每当你深情地问他你爱我吗？他都会给你把问题绕过去或者回答当然之类的肯定语，要么就是把头点得跟弹簧似的，就是不正面回答问题。

你爱我吗？

当然。

你爱我吗？

必须的。

你爱我吗？

这还用问吗？

你爱我吗？

你感觉不到吗？

……

你被他的回答弄得有点不高兴，但是你转念一想，他的所作所为好像还是挺爱自己的，你开始自我安慰，甚至是给自己洗脑：他是爱我的，天冷的时候他提醒我加件衣服；他是爱我的，过马路的时候紧紧握着我的手；他是爱我的，不用我说就能点出我想吃的菜；他是爱我的，送的礼物特别用心；他是爱我的，他吃醋的样子非常可爱……

然后你就认为他是爱你的，当爱情出了问题，你们出现了无法避免的正面冲突，他可以理直气壮地说："我从来没有说过我爱你啊，我不爱你的。"

他只是想占着你，似乎是一种情侣关系，互相牵制，他也为你吃醋，可是他吃醋的原因并不是他爱你，而是他只想独自占有你。

你被这种类似爱情的关系给蒙蔽了，以为这就是爱情。是啊，它太像爱情了，一不小心就会陷进去，而且越陷越深。

你很难觉察哪儿不对劲，他给你的就是那种"爱的感觉"。

他占着你，让其他人没有机会来爱你，而他也享受着你对他的爱，在贪婪享受你爱的同时，也不妨碍他去寻找其他的爱、更好的爱，一旦找到的话，他就可以毫不犹豫地离开你，抑或继续占着你的同时再去占有其他人。

你们有可能被贪心的他搞成一团乱麻的关系，而他呢，他可以轻而易举地、"无债一身轻"地从乱麻中跳出来，让你们凌乱致死。

他说："我从来没说过爱你啊。"

这个责任推卸得真干净利落，令你恨得牙痒痒。

真是方便，既能排解自己的寂寞，又能随时撤离。

有可能你察觉了，你们的关系好像不太对劲，他似爱非爱，搞得你迷迷糊糊。你觉得不靠谱，不能这样下去，但是你又不甘心：要不然再看看？也许我瞎想呢，也许他就是这种不爱表达的性格吧，也许……

你"也许"了无数种可能来说服自己，其实已经无关你爱不爱他以及他爱不爱你了，你就是不甘心啊，不甘心你的付出。你就是心存侥幸啊，以为会有奇迹——就算最后发现他不是真的爱我，那我再与他分手也不晚吧？何况他对我也挺好的呀，对吧？

你纠结来纠结去，就是不肯下定决心。哪怕是一个错误的决心也好啊，简单粗暴一点，没那么多细枝末节，要么爱要么不爱。

爱下去吧，最后受伤就受伤，我就要好好享受这场爱。

我选择不爱了，我要的爱是纯粹的是疯狂的是炙热的，不是模糊的不是飘忽的，要么分手，要么明朗。

两个非常明确的方向，你就是摇摆来摇摆去，不肯选择一个，在中间耗着，最后耗的还是自己。

女人这种矛盾体也是世间一绝。

在自欺欺人这件事儿上女人比男人厉害多了，你明知道这段感情不靠谱的。

亲爱的姑娘，请你一定在不靠谱关系中果断一点啊，也许你想努力改变一下，让不靠谱变得靠谱起来，但是如果你发现无论你怎么努力都不行的话，请再果断一点。别在他忽悠你的同时你还帮着他忽悠自己。

远离不靠谱关系，你只差一个决心。别守着你的不甘心了，你的付出一定会有珍惜的人出现认领的。

〔找个懂你的人
再相爱吧〕

这个世界上没有绝对合适的两个人，只有相对适合的。这个相对适合就是互相懂得，私以为，互相爱上很容易，但是互相懂得，就不那么容易了。

两年前，麦子还是一个青涩的小女生。第一次见到克先生是在一场宴会上，当时麦子沾了自己主编的光，混进来吃好吃的。克先生是过来捧场的，但因临时有事来得有些晚了，错过了他原本准备好的演讲。

克先生打完招呼随便找了一个座位坐下，旁边的麦子把一盘冷餐递到克先生面前说："来晚了吧，好吃的都吃没了，我这还有一盘，给你吃。"

克先生不知怎么反应好，忍住笑说了声，"谢谢"。

然后两人有一搭没一搭地聊了起来。克先生了解到她叫麦子，是杂志编辑，过来的主要目的就是蹭吃蹭喝。麦子了解到克先生是一个专栏作家，由于麦子刚入行不久，不知道克先生的名气，所以还一脸天真地邀请他到自己的杂志开专栏。克先生不好拒绝，委婉道："有机会一定。"

最后，麦子还要了克先生的联系方式。

第二天克先生就接到麦子的电话，电话里麦子说昨晚回去的时候从主编嘴里得知了克先生的大名，为自己的冒失，特地打电话过来道歉，以及想邀请他吃饭当面赔礼。

克先生一开始是想拒绝的，本来也没什么大事儿，推脱了两句。麦子又说："我发现了一家特别好吃的店，求求你了，就过来吧。"克先生一听麦子这么说，觉得这个姑娘太有意思，多接触接触也无妨，还能给自己增添写作素材，于是答应了下来。

傍晚两人在事先约定好的餐厅见面，都是一些南方精致的糕点、小吃，在北方很少见。

这次见面俩人相谈甚欢，麦子给他介绍了各种小吃的来历以及故事，克先生觉得这个身材娇小瘦弱又贪吃的姑娘特别有趣，很久没交到这样的朋友了。最后麦子提议："不如做吃友吧。"

克先生问道："那什么叫作吃友呢？"

麦子解释道："你看，有笔友、网友、驴友、床友、球友、战友、票友、酒友，也应该有吃友啊，身为吃友就是谁发现了好吃的就要分享给对方，吃遍天下。"

克先生同意了，这个吃友他交了。

麦子第二次邀请克先生是发现了一家店面极小但是特别好吃的生煎包店。一米八的克先生跟身材娇小的麦子挤在角落里一张小桌子，有点滑稽，但是克先生觉得这种感觉还不错，他都忘记自己有多久没有在这种小店排队，挤着吃东西了。

麦子问他平时都在哪儿吃饭。克先生回答说由于自由职业，需要在家写作，他一般都在家自己弄东西吃。麦子听到这里眼睛都放光了，迫不及待地想品尝克先生的手艺。

克先生卖了个关子："吃过才知道，回头邀请你去。"

麦子说："别回头啊，明天周末我休息，你有时间吗？"然后自问自答地继续说，"哎，你看我这不白问吗，你在家工作肯定有时间啊，明天中午或者晚上我过去。"

克先生没想到麦子这么生猛，听说有吃的哪怕是蹚雷她也在所不惜，于是回答道："晚上吧，白天我把稿子赶出来。"

隔天晚上克先生做了他拿手的韩国料理，有辣炒鱿鱼、炒年糕、泡菜饼、香煎椒盐多春鱼，还弄了个酱汤。

麦子一进门闻到香味惊叹："我最爱这口辣的了。"

克先生没有告诉麦子，他特地给麦子的主编打了电话，问了她爱吃什么。

麦子每吃一口都对克先生的手艺赞不绝口，然后无意说道："我要是你女朋友就好了，就能天天吃你做的饭菜了，真羡慕我自己有一个吃什么都不胖的体质。"

克先生随口回应："正好，我单身。"

麦子嘴里塞着一块年糕，抬起头看着克先生的眼睛，不知是咽下去还是吐出来。

尴尬的气氛持续了五到七秒钟，麦子咳嗽了几声，把年糕呛了出来。

反正最后两个人在一起了。我们都特别羡慕克先生和麦子的恋爱状态，轻松、有趣、真诚、舒服。

麦子有件事一直是瞒着克先生的，就是那晚宴会后麦子跟主编回去的路上，在得知克先生是谁之后，拍着小胸脯跟主编打包票说百分百可以让克先生到杂志上开专栏。

所以，麦子的道歉，以及跟克先生做吃友都是演的，就是为了跟他熟络起来。

谁知麦子在步步为营下自己反而陷了进去，爱上了克先生。

其实，麦子那天打电话道歉的时候，克先生就猜中了麦子的小心思，毕竟他在圈里混了这么多年，编辑心理还是比较懂的。

然后克先生故作不知，配合着麦子演戏。

在一起后克先生提过到麦子所在的杂志开专栏，但是被麦子拒绝了。

情侣之间应该有各自的小秘密，你藏着，他知道，而不点破你。

麦子之前谈过两三个男朋友，短的两个星期，长的不超过三个月，这让麦子一度对爱情没有信心，很恐慌这辈子找不到一个对的人了。

回想之前，麦子发现有很多矛盾，就连吃都吃不到一起。麦子爱吃辣，第一个男朋友完全吃不了辣，所以每次约会麦子都得迁就着他，这让吃货的麦子怎么能受得了。当然，后来分手肯定不全是因为吃不吃辣的事儿，但这事儿肯定是原因之一。

麦子的第三个男朋友倒是挺能吃辣的，所以这个男朋友是谈的时间最长的。分手是因为有一次麦子拖着男朋友去吃骨髓，你们都知道的，骨髓得吸，男朋友嫌弃她的吃相没有女孩样儿就跟她分手了。后来麦子才知道其实这只是当时男朋友的借口，那个时候男朋友已经爱上别人很久了。

克先生也谈过不少女朋友，分手原因以及形式也是各种各样的，总之最后没能在一起肯定是不合适。直到克先生遇到麦子，忽然觉得生活有了光。

麦子爱吃，克先生会做，克先生特别喜欢看着麦子一扫而光他做的食物。麦子对克先生倾尽感情的同时还带着崇拜的情绪，每一次都赞扬克先生写的东西。

对于麦子来说，克先生就是她的信仰。

其实男人都希望找个懂自己的"麦子"恋爱，相处起来不麻烦，还"臭味相投"。恋爱是双向的，不能老是苛求男人一味地迁就女孩，只有懂得的人在一起才会更长久。这个道理，男人也明白。

〔*爱情需要坦诚相待*
更需要谎言〕

　　前段时间发生了一件很巧的事儿，我先后被两个朋友邀约，问了我一个相似的问题，一个是男性朋友，一个是女性朋友。

　　男性朋友向我吐槽说，最近总是被女朋友逼问情史，真是烦死了，说谎吧，总觉得自我良心受谴责，不说谎吧，她说你告诉我不生气但是她肯定能从里面挑出个蛛丝马迹来生气。

　　这个男性朋友，只是找我吐吐槽。他并没有让我给他一些指导意见，其实，我在听了这件事的时候脑子里想了一会儿，也觉得给不上指导意见。

　　男性朋友吐槽完，把苦水倒干净，我问他："那这件事你会怎么解决？"

　　他说："骗一时是骗，骗一辈子是爱，所以，我要把谎言说一辈子。"

　　我的女性朋友也问了一个这样类似的问题，她说她一直小心翼翼地谈恋爱，生怕在前一段感情中做了什么不好的事情到下一任男朋友的时候他接受不了。可是，她想了很久，发现只要谈过几场恋爱的话，再谈新的男朋友总有一些无法和盘托出的事儿。

她问我："你说，我该不该与我男朋友坦诚相待，他把他的所有悲痛、经历、欢笑、痛苦……都告诉我，我也和他分享我的过去。在夜里，细数我的心灵在历任男友中受过的伤害？"

我当时被她这充满"罗曼蒂克加琼瑶"的想法惊呆了。

我告诉她，坦诚相待这件事儿你要不要再考虑考虑？细数伤痕你不担心细数多了现任男朋友也给你伤痕吗？

我当时和这个女性朋友讨论了很久，也没有讨论出来坦诚相待这件事儿的尺度应该怎样把握。

后来，我就把这件事儿给忘了。结果我收到一封邮件，又遇到了类似的事。

有个女生跟我说，她和她男朋友是在火车上认识的，当时两个人坐在对面位置，与他们一起的还有一男一女，互相不相识。这辆车要十几个小时，因为都是学生几个人聊着聊着就熟了，晚上打了一会儿牌都纷纷开始打盹了。这个姑娘睡不着，望着窗外，恰好发现对面的男生也没有睡，就开始聊天，一直聊到天亮，天亮的时候下火车，互相留了联系方式，又这样聊了一个假期，男生向她表白了。

这个姑娘很没有安全感，不知道该不该接受，于是就问我应该怎么办？

我当时给她回复的邮件是：你们可以多接触几次试试，一起去人多的地方，吃个饭、看个电影之类的。

大概过了一周，这个姑娘再次发邮件告诉我，他们相爱了。

但是，这个姑娘用尽自己的一切手段去查了这个男生的背景、学校以及资料是否属实，甚至用自己的小号加上了男朋友以及男朋友的前女友，她发现了解到的事情好像与这个男生告诉她的是不相符的，她觉得自己受到了欺骗。她问我，她应该怎么办？

我给她回复的邮件是：你可以试探性地跟他再谈一谈你认为有出入的问题，你试着把他往你发现的这个事实方向引导，看他的反应。

后来，这个姑娘又给我发邮件，觉得男朋友对她还是不坦诚。很多事情她通过调查得出来的结论与男朋友告诉她的结论是不一样的。

我以为女孩说的这件事情很严重，诸如男方脚踏两只船或者跟前女友藕断丝连，结果被女生发现了，这样会涉及原则性以及人品的大问题。

结果我一步一步地询问下来才发现，这个女生所问的都是诸如你和你前女友分手之后还有联系吗？男朋友说没联系，事实上前女友进男朋友的空间并点了赞；再诸如你和前女友哪天分手的？男朋友答已经记不清是哪天了，只记得大概的月份。女孩把男朋友前女友的空间一遍一遍翻下来能清楚地找到分手日期，她想她都能找到那个日期，他怎么会记不清呢？他就是骗我。

我问这个姑娘有必要问得这么清楚吗？这都是一些小事儿，并不是原则性的大事。这个姑娘却说："你不觉得在细节中体现人品吗？"

听起来很有道理，我竟无言以对。

再后来，这个姑娘又给我发过两次邮件，一次是告诉我她分手了很难受。另一次是问我要怎样挽回这个男的。她说："难道爱情不应该坦诚相待吗？我只不过是指出了他不坦诚的地方，只要向我道个歉就好了，可是他却离开了我。我现在很难受，我想要挽回。但是我不知道应该用什么样的方法，而且我有一点想不通，你说我真的错了吗？"

其实，我们在爱情中经常会陷入这种进退两难的境地。说坦诚相待是维持爱情的基本必要，可是坦诚到一定程度的时候，两人之间的感情就会出现更多的摩擦。可如果说爱情中不需要坦诚，似乎有悖于爱情。

所以，人们常常纠结于爱情里应不应该坦诚，坦诚到什么程度。如果形而上地讨论这个问题，那当然是感情应该坦诚比较好。但若将这份感情放在生活当中，我们给它添加诸多的因素以及诸多的条件去讨论要不要坦诚，那么实际上讨论的是懂得说话技巧的坦诚。这并不是一种在爱情里圆滑欺骗的做法，而是一种维系爱情的努力表达。

忘记了是哪部电影里曾经有这样一句台词："当一个男人还肯对你说谎的时候，证明你在他心里还是重要的，他希望用一些谎言巧妙地留住你的爱情。"

你想，满大街走着长腿美女，你问他："她好看还是我好看？"当你问出这句话的时候其实你心里明白，一旦他说她好看，你就想锤死男朋友。同样的道理，再往深处去阐述爱情的时候，你却偏偏想要寻求一个真相和坦诚。这不是给本来风平浪静的海面，偏偏要投石块，打破平静吗？

所以，别去叫嚣着爱情要坦诚相待了，绝对坦诚这个答案对谁都不好。而爱情的美妙就应该是当世界让你不开心的时候他说好听的话哄哄你，让你开心，你知道是假的，还是开心了。这与其说是谎言，不如说是爱。

当然，涉及原则性问题以及大事的时候，则需要两个人彼此坦诚才能更了解对方。但是一些细枝末节的小事儿，就让我们给它穿上修饰的外衣吧，来把我们的爱情装扮得更美。

〔论洗发水对爱情的
重要性〕

我不止在一部文学作品中看到男作者对于女人身上香味的描绘，很优美，甚至有的文字能对你的生理造成七百点真实伤害。

其中有很多人写过类似"她身上飘着伊卡璐洗发水的香味"这样的句子。在脑子过一遍，印象中好像不下十本小说这样写过。当时我在想，为什么这些男作者对姑娘头发上的洗发水味道这么关注？

难道有洗发水情结？

直到某天跟王二五先生聊天我才恍然大悟，哦，原来男人是有洗发水情结的，是可以有洗发水情结的，有时候一款洗发水味道的好坏还能对爱情产生蝴蝶效应。

王二五先生是做新媒体运营的，跟他认识是因为他用了我几篇文章，一来二去也就熟悉了。跟他聊起这个事儿的起因是他找我约了几篇关于"姑娘与嗅觉"的稿子。

我嘲笑，见过写姑娘与味觉的，没见过姑娘与嗅觉还能结合的，并吐槽这一度让我的眼球浮现大街上一条公狗跟在一条母狗后头猛嗅的画面，违和感太严重。

王二五先生开始启发我："怎么就不能结合了？你试着想想，在一个岁月静好的午后，你路过一家咖啡店门口，正巧从里面走出来一个漂亮姑娘，手里拿着一杯咖啡，她身上自然的体香加上长发上的洗发水的味道再混合咖啡的香味，飘进你的鼻子，那一瞬间，你看着她美丽的脸庞，嗅着她身上的味道，你不心动？但凡一个正常男人肯定心动得乱七八糟的，如果你否定那我会觉得你有问题哦……"

我被王二五先生来回打量着下三路，虽然心中对这三种气味混合的好闻程度存有疑虑，但是他直接把我架在"是不是正常男人"的悬崖上，我断然是不能跳下去的，于是无奈地表明是正常男人后认同了他的理论。

这么说来好像一种性暗示——严肃的学术讨论，请不要代入某种剧情。

男人对异性的情感冲动或者说他第一次见一个姑娘喜欢不喜欢，心仪不心仪，都是取决于最原始的欲望。如果这么讲，那么王二五先生的这个洗发水理论是可以说得通的，也就是说一款好闻的洗发水或者某种气味的洗发水对爱情还是蛮重要的。

如果气味对于情感不重要的话，那么动物界就该"灭绝"了，以及香水也就不会被发明出来，就算是发明出来仅作为祛除异味之用，也不会有女人花高昂的价钱去买气味不同的香水用来吸引男人抑或给自己加分。

仔细一想，王二五先生的这个气味理论还是非常有道理的。例如，你心仪的一位男士或者心仪你的男士送给你一瓶香水，代表着什么？不言而喻，就算你再懵懂、再情窦未开，也应该感觉到送香水或多或少有点暧昧的意思。那么男人为什么送香水，而不是送别的礼物更能表达他们的感情呢？究其根本——动物本性，气味是择偶的一项重要条件。当然，我们有着这种下意识"嗅"的动作以及潜意识，但我们是不自知的。也许是因为我们自以为进化得很高级了。

你可以简单地理解为"费洛蒙"，意思是指一种由动物体分泌出来且具有挥发性的化学物质，它可使同种动物在不同个体之间，透过嗅觉的作用而传递讯息，产生行为或生理上的变化。简单来说，"费洛蒙"是种交换讯息的化学物质，体内的激素是借由血液来传送至作用细胞或组织的，而"费洛蒙"则是借由释放至个体以外，在限定范围内影响其他生物体。

"费洛蒙"由外分泌腺所分泌，分子很小，可随风飘逸再借空气流动快速地传播到各处去。"费洛蒙"是动物界包括人类、哺乳动物、昆虫（蜜蜂和蚂蚁及飞蛾）等同物种之间相互沟通营造出两性间自然舒缓融洽气氛的桥梁。

据说莎士比亚时代流行一种寻找爱情的游戏：女孩将一块削了皮的苹果放在腋下，再将沾了自己汗水的苹果送给意中人，若对方喜欢这苹果的滋味，双方就会发展下去。这就是"费洛蒙"的力量。

一个男人迷恋你或者你身上的味道，可能是你自然的体香，也可能是你喷的香水，更有可能是你乌黑飘扬的长发散发出来的洗发水的味道。

王二五先生自曝，他就有某种程度上的"洗发水情结"。

王二五先生是一个优秀的男青年，高收入高学历高颜值，和他们公司的同性别人士相比，在脸不肿的情况下稳妥拿第一。他的女朋友是他的同事，当时有两个女同事同时对王二五先生感兴趣，而王二五这个情感丰富的人又同时对两个对他感兴趣的女同事感兴趣。

其中一个女同事A属于主动型的，另一个女同事B属于被动型的，情感丰富的王二五先生属于来者不拒型的，所以，女同事A先发动了进攻，王二五先生与女同事A先一步约会起来。

约会过两三次后，两人感觉还不错，王二五先生决定试着交往一下，打算下一次约会主动捅破这层窗户纸。这样一来，被动型女同事B就被无情地淘汰了，连一个上场机会都没有。

一天晚上加班，王二五先生与女同事B都走得晚了一些，两人同乘电梯下去，一左一右保持着距离且很礼貌地等待着电梯下行，此时，王二五先生隐隐约约闻到女同事B身上飘来的淡淡清香，下意识地靠近了女同事B一小步。

王二五先生确认清香来自女同事B的长发，王二五先生闭上眼享受般地深呼吸，女同事B尴尬地问："你有幽闭恐惧症吗？"

王二五先生回答："不好意思，没有。我能问你一个私人问题吗？"

女同事B点头，王二五先生问："你平时都用什么牌子的洗发水？"

女同事B说了一个牌子，还说这种洗发水她用十几年了，从没换过。

王二五先生说："真好闻。"

女同事B害羞地低下了头。

周末王二五先生把下一次约会的对象改为女同事B，并向她表白。

单凭某种香味的散发虽然能起一定的作用，但要达到爱上还是远远不够的，不过也别担心，香味的散发吸引异性的注意力还是妥妥的。王二五先生因为气味瞬间对女同事B一见倾心是有原因的，原因在于他高中时候暗恋的校花。

高中时代的校花那简直是高高在上的仙女，根本不会对一个不会打架学习成绩不好没有任何特点长得还矮的男同学（当时王二五先生发育晚，比较矮）正眼瞧一下的。

那时候的气氛说夸张点肯定是全校暗恋校花的节奏，王二五先生某一次打水与校花擦肩而过——当时校花刚洗完头，湿漉漉的长发披在肩上，为了不让水滴在身上校花还会时不时地撩动一下头发，就在校花撩动头发的瞬间，王二五先生与之擦肩而过，嗅到了她刚洗完头发散发出的清香，从此就爱上了这种味道，算是他高中寂寥、苦闷的生涯中一种慰藉。

当然，那个时候的王二五先生还不厉害，所以他没有勇气去问校花用的什么牌子的洗发水。

一直到大学毕业后王二五先生都在刻意地找这种洗发水，一直不能确定是哪一款。

直到他遇到女同事B。

最后，女同事B与王二五先生在一起了，一直好到现在。

听完王二五先生的故事，我的心情是复杂的。王二五先生问我："稿子没问题吧？"

我点点头："没问题，写你不就完了吗？"

王二五先生是绝对不许我敷衍的，而且是拿他的故事敷衍。于是在王二五先生的启发下，我给他讲了一个跟洗发水没有关系但是跟气味有关系的事儿。

故事的男主角叫作Q先生，王二五先生也是认识的。Q先生跟我是同行，写一些杂七杂八的东西，前一段时间他喜欢上了一个姑娘，确切地说应该是迷恋。

Q先生与那位姑娘纯属邂逅，是在一家餐厅里，两人打了个照面，Q先生对她一见倾心。Q先生观察到那位姑娘是独自来的，正巧他当天穿的是白衬衣，于是把外套脱了找服务生借用了一枚领结，然后假装服务生过去给那位姑娘点菜。

Q先生的搭讪方式是这样的：

"请问姑娘，您是一个人还是等人？"

姑娘说："一个人。"

Q先生继续说："请问姑娘是单身还是名花有主了？您别误会，我们店里正在搞一个活动——如果是单身的呢，扫我们的二维码就可以免单的。"

姑娘说："免单？这么大优惠力度？"

Q先生说："是的，前提是您得诚实，如果您有男朋友还骗我们说没有，那我们店可免不过来，您说是吧？"

姑娘说："那今天你们店还真得给我免了，我还真单身。"

Q先生心里高兴得跟羊驼跳舞似的，于是Q先生把自己微信二维码拿出来让姑娘扫。

加上好友之后，那位姑娘说："行啦，戏演够了吧？不就是要女孩子的联系方式嘛，还要出花儿来了。"

Q先生尴尬地笑笑，然后请姑娘吃了顿饭。

席间，那位姑娘被Q先生的风趣幽默逗得连连笑，末了，还约了下次。

Q先生，出师先捷，成功了一半。

在接下来的几次约会中，两个人的好感逐步递增，Q先生即将要表白了。

在好感的基础上，表白之前有一些简单初步的肢体接触也是无可厚非的，譬如拥抱、牵手过马路等。

在某一次吃过晚饭送她回家的路上，Q先生打算在分别的时候表白。送到姑娘家楼下，即将要说再见的时候，Q先生决定与她拥抱一下，然后在她耳边表白。于是张开了双臂把她抱住，脸埋进她的头发里、脖子里。

那一瞬间，Q先生打消了表白的念头，尽管他很喜欢她。原因就是那位姑娘身上的味道，不是异味，就是一种香味，但是这种香味Q先生本能地接受不了，让他十分反感，以至于产生了放弃这段感情的念头。

这就如同上面提到的莎士比亚时代流行一种寻找爱情的游戏，足见气味对感情发展的影响程度是很大的。

最终Q先生退缩了，那位姑娘找过Q先生好多次，想要弄清楚本来好好的为什么会这样，Q先生做出了真实解释，那位姑娘并不能接受，认定Q先生另有新欢。

Q先生只能苦笑。

所以，你的爱情，也许就是由气味开始，也由气味结束。我们都在讲找恋人要找情投意合的，事实证明，也要找"臭味相投"的。

愿你的爱情如你早上刚用的洗头水一样芬芳。

〔男人心碎的举动
很有趣〕

金·凯瑞的一部早期喜剧电影《一个头两个大》中有这样一句旁白：男人心碎的举动很有趣，有些人抱头痛哭，有些人拿枪对路人扫射，但查理没有任何反应，咽下委屈，吞下痛苦煎熬，而不肯面对。

夸张吗？一点都不夸张。真实吗？很真实。

电影中的查理面对被侏儒戴了绿帽子的事实之后呆呆站在路边，看着妻子跟侏儒走了，三个不是自己的孩子也扔给了自己。

查理继续生活。

"心碎"大多源于感情问题，譬如石康的《奋斗》中，里面的人物一个个在感情心碎后建立了一个场所，然后住到一起，叫作——心碎乌托邦。

在我们经历过彻彻底底的心碎后都会做些什么呢？我有一个朋友，文先生，某个晚上他正兴高采烈地加着班，突然接到女朋友的一个电话，被告知分手，她爱上了别人，并且已经几个月前就爱上了，偷偷摸摸地在一起了。虽然这样做很对不起文先生，但还是决定告诉他，地下恋情终究不是长久的。

文先生傻了，她还是知道地下恋情终究不是长久的哦，还真为自己考虑啊。

文先生又想，哎，她这样做也不能怪她，毕竟不爱自己爱上别人了，为我着想是情分，为她自己着想或是为她现在爱的人着想是本分，总之是没有这个缘分。

挂断了电话，原本兴高采烈加班的文先生立刻就像霜打的茄子，蔫得不行。文先生给自己接了一杯纯净水，没有喝，而是浇在了自己的头上，还好办公室没有其他的同事加班，不然非得把他当作精神病不可。文先生往自己头上浇水的行为当然不是精神问题，用他的原话说："我当时只有一个念头，就是让自己冷静一下。"

一杯好像不够，又浇了两杯，然后文先生呆坐在自己的工位上，大脑一片空白，不知道做些什么，盯着电脑屏上的PPT就想为什么要做这100多页的PPT呢？女朋友都跟人跑了，事实上几个月前就跟人家跑了，为什么要加班做这些该死的PPT呢？心碎了为什么还要兢兢业业地加班给正在搂着老婆或者别的女人睡觉的老板累死累活地做这些该死的PPT呢？

文先生越想越气，于是，他便把他已经做了80多页的PPT全都删成了空白，接着把整个电脑桌面上的文件、合同、策划案等全部清空了。看着整洁的桌面，文先生觉得心情好像稍稍好了一些。

文先生出了写字楼，迎着夜风站在路边，想着十里春风不如你的女朋友，文先生嘲笑了自己一下，应该是前女友。文先生想抽根烟，他觉得此时此刻，大半夜站在路边抽烟，出租车呼啸从身边驶过，才应该是比较符合他的心境的。他在身上摸了半天才想起来——哦，为了女朋友已经戒烟两年了——哦，应该是为了前女友已经戒烟两年了。

虽然写字楼不远处就有24小时的便利店，但是文先生还是放弃了抽烟的想法，他在想要做点什么应景的事情呢！去找姑娘？去酒吧喝一杯？搂着姑娘拍张照片发朋友圈？

　　为什么要做这些呢？是为了告诉前女友她对自己是无所谓的吗？是为了告诉她没有她自己的夜生活丰富狂野吗？不，如果这样做的话更说明自己很脆弱，放不下，这样做完完全全就是一种傻×行径。

　　文先生决定打车回家睡觉，不加班了，反正PPT都被自己抽风删除了。回到家里文先生辗转反侧睡不着，起床喝了三杯牛奶，还是睡不着，上完三次厕所后脑子里一塌糊涂。已是凌晨四点钟了，再过一个小时天空就泛白了，文先生拉开窗帘想看一会儿星星，像小时候一样，应该会很童话吧。可是抬起头却发现根本没有星星，然后文先生开始回忆，从什么时候开始就看不到星星了呢？三年前？五年前？还是十年前？

　　窗台上放着一盆小家碧玉，那是前女友养的，而且是她唯一养活的一样东西。文先生搬了一张椅子坐在窗台前，对着那盆小家碧玉说："嗨，你好。"

　　频率大概是每三十秒说一句，一直说到了天亮，反反复复就一句："嗨，你好。"

　　文先生跟我说，那是他与前女朋友第一次见面说的第一句对白。

　　清晨六点钟，文先生仍旧没有困意，他简单地洗漱了一番出门吃早饭。他家附近有一家肯德基，要了一个早餐汉堡和一杯咖啡。那是他经常与前女友吃的早餐，每次都是文先生早起半个小时溜达过去买回来。

　　这次文先生坐在椅子上吃，吃得很慢。据他回忆当时应该在想些什么事情，可是并不记得想了些什么。吃完早饭走出肯德基看到路边停着的公交车才想起来今天还得上班。

文先生想了很多理由请假，最后还是实话实说了："老板，我失恋了，今天可以请假吗？"

电话那头老板说："哦，我没听错的话你应该是个男的吧？一个大男人失恋了又不是女人失恋了，如果我跟你说我跟我老婆吵架了，工资晚一天发或者干脆下个月再发甚至是取消本月工资可以吗？"

哧——身边的公交车开走了，文先生说："老板你听，是公交车的声音，其实我已经在等车了，刚才只是想跟你开个玩笑而已。"

挂了电话后，文先生又等了一趟公交车去上班。

在车上，文先生回忆从昨天半夜到刚才没有任何意义的举动，然后不得不去上班，重新做PPT，加倍加班。他埋怨自己真脑残，为什么惩罚自己把辛辛苦苦做了80多页的PPT给删除了呢？不删该多好，早早做完还能给自己放个假。

心碎以后哭泣并不是女人的特权，男人也拥有同样的权利。眼睛长在自己脸上，难受也是自己难受，凭什么就不能哭呢？好朋友悦先生说："去他的男人有泪不轻弹，我就噼里啪啦掉眼泪了怎么着？我就有泪重重地弹下来！"

我发现悦先生哭，是去他家取我的一份文件，前一段时间我出门正好有一份合同要寄过来我就留了悦先生家的地址。

悦先生来开门，我看到他的眼睛红红肿肿的，进门口无意扫到垃圾篓里有很多纸巾，诧异道："你不会哭来着吧？"

悦先生看了我一会儿，说："哥们失恋了，哭一下不可以吗？你要是说出去就绝交。"

我满口答应，心里想的是写出来应该可以吧，我答应的是不说出去。

可怜的悦先生失恋了，他已经缩在家里哭了三天。这么看来他真的好爱她。

我没有问他分手的原因，他这么伤心肯定分得很彻底，知道原因又能怎么样，又不能给悦先生一丁点儿的实际帮助，最多便宜了我，给我增添素材罢了。

我提议跟悦先生一起出去散心，正好我要去青岛一趟，不如就像《心花路放》一样，一路向东，虽然青岛跟大理比是差了点。

悦先生拒绝了我，他请了一个星期假，任何地方都不想去，连房间都不想出，让我别打扰他，让他专心、安静、虔诚地哭吧，已经哭了三天了，还有四天，算是对这段逝去的感情的祭奠。

我临走的时候悦先生再次嘱咐我，万万不能八卦出去，就让他一个人好好地哭一场。

我只能说：男人哭吧哭吧不是罪。

男人的心碎程度并不比女人的心碎程度小，表面上看起来他们似乎很安静，他们只是不拿出来示人，多半自己消化、自己忧伤，然后强行恢复投入社会，因为社会需要他们，或者说女人可以任性地不去上班、辞职、旅行等，一个成年男性是万万不可以的，他们的责任不会随着女朋友的离去而懈怠。

〔最好的爱情状态
应该互为战友〕

这是发生在朋友身上的两件小事，我感触特别深。

男的叫张亮，女的叫兜兜，他俩是情侣，在一起三年了，我们也认识三年了，因为在我们认识的时候他们刚好在一起。

我跟张亮之前做过半年的同事，后来我辞职在家写稿子，他辞职换了一家公司。兜兜是之前我们公司楼下的，张亮刚来上班那天在电梯里遇到兜兜，就一见钟情了，然后就莫名其妙在电梯里表白了。

兜兜后来回忆的时候说："还好当时电梯里就我跟他两个人，不然就尴尬死了。"

我问过兜兜为什么当时就同意了呢？兜兜说还是第一次见到有人在电梯里表白，觉得很有趣就答应了。

当时张亮和兜兜都是刚参加工作的懵懂少年，两人身上分别有一样特别显著的特点。张亮特别容易焦虑，一有什么事儿或者压力大了就开始焦虑，焦虑起来整个人糟糕透了。而兜兜极度不自信。

有一次兜兜负责公司一个项目的提案，特别胆怯，就去找领导商量换别人，自己没信心做不来。领导说不换人，这次就权当锻炼她了。结果到了现场，兜兜紧张得说不出话来，好不容易挤出来一句话，还结巴了，在场的人都笑了，兜兜脸红了。

那次提案给兜兜带来了很大面积的心理"阴影"，本来指着这次锻炼一下兜兜呢，没想到弄巧成拙，兜兜反而更加不自信了。

张亮安慰了兜兜很久，又是带兜兜出去散心又是给买各种好吃的缓解她的情绪，最后还劝兜兜实在不行就换一个工作或者调职，不做策划，做文员之类的。

兜兜的脾气有点倔，非要啃这块硬骨头。

张亮也知晓兜兜的性子，就一直陪兜兜练习，他扮演客户，让兜兜在他面前提案，哪里做得不好张亮就给指出来。不仅如此，张亮还发动朋友一起帮助兜兜，让朋友们扮演不同类型的客户，好让兜兜找自信。

就这样一次一次，张亮硬是帮助兜兜重新建立起了自信，兜兜觉得自己可以了，跟满血复活似的。可是当她再次代表公司提案的时候还是慌了，内心极度不安，毫无自信可言。她以为没问题了，原来只是在熟悉的朋友和恋人面前没问题了，当踏上真正的沙场心里仍旧是没谱的。

兜兜很失落，并且持续了很长很长时间。张亮为了帮兜兜建立信心也是费尽了心思，偷偷买了很多相关书籍在公司看，就是怕兜兜知道后压力更大，还为此专门咨询过心理医生。

某一次张亮在商场闲逛，想给兜兜买件礼物，让她高兴高兴。他走着走着就发现一家法国香水的专卖店，随意打开一瓶闻起来觉得非常心安，就买了下来。

兜兜再提案的时候，喷上了这瓶令人心安的香水，奇迹般地发现，真的不那么紧张了，一瓶小小的香水竟然能帮她建立一些自信，虽然没那么神，但起码能流畅地完成提案了。

也不用太执著地去找具体的原因，也许是心理暗示，也许真的是香水的魔力，总之兜兜因为张亮的一瓶香水找到了自信。其实兜兜知道，这都是张亮对她的爱。

再说张亮焦虑的问题。有段时间张亮因公司里的一个事儿焦虑得睡不着觉，成宿成宿地睡不着。兜兜看着心疼，帮他寻找各种可以消除焦虑的方法。她听人说喝一种用冬麦、酸枣、桂圆、莲子、土鸡炖的汤可以宁神安眠，她就学着去做，失败了八次，碎了两个砂锅之后兜兜才掌握要领。

不过没有什么效果，兜兜想既然是工作压力上的事儿让他焦急，那就帮他解决工作上的事儿，就像张亮帮自己一样。

兜兜不懂图纸，但可以在图纸之外的事情给予帮助，比如送热水、咖啡，提供水果和点心等，尽量让他不为图纸以外的任何事情操心，就连图纸打样都是兜兜帮他跑腿。

张亮还是焦虑得半夜睡不着，兜兜就拉他出去遛马路，与其在家盯着图纸焦虑不如出门活动活动。

走到夜间观光公交车站牌，兜兜提议，不如坐公交车，环绕城市一环一周，车上就两个人，安静，也能看看城市的夜景。

等来了公交车，张亮跟着兜兜上去，两个人找了一个靠窗的位置坐下，不说话，各怀心事，各自看着窗外，特别安静，安静得叫人舒服。

公交车绕了一圈下来，张亮觉得心情舒畅多了，也不那么焦急了。

以后，张亮只要一焦虑就去乘公交车环游，屡试不爽。

香水可以让兜兜恢复自信，公交车可以缓解张亮的焦虑，其实是他们的彼此"治疗"。

后来他们还帮助彼此克服、解决了很多很多问题。他们的关系就像战友一样。而类似战友的爱情是积极向上的爱情。

就像某情感电视剧里有句台词：我们就像战友，我们并肩作战，在一条战壕里互相掩护互相配合，不敢说生死相托，至少荣誉与共。

他们是精神上的精灵，生活上的伴侣，工作上的助手。他们的爱情相辅相成。

把这个观点广义上扩散，那便是男人女人最好的状态是互为战友。

向来如此嘛，男女搭配干活不累，上帝之所以创造出男人又创造出女人就是保持某种生态的平衡，我们都以为男人是女人的对立面，其实不然。上帝从男人的身上取下一根肋骨造成女人，就是告诉我们，其实男女是一条战壕里的。

〔我们都欠爱情
一个沟通〕

恋爱时间一长，谈到某个阶段就容易出问题，这个阶段也许是三个月后、六个月后、九个月后，或者一年以后。毕竟没有哪一段感情是一帆风顺的。我们的爱情一开始都像百米冲刺，我们一起铆足了劲，向前奔跑，然后恋着恋着体力渐渐地耗尽了，冲不动了，就像跨栏似的，一步一个坎，迈得过去，大家心欢喜，迈不过去，只能栽个跟头。

当轮到我们跨栏的时候，有些人心中充满了疑问，如何才能跨过去？先迈哪只脚？怎样才不会被绊住？

我们的恋爱分很多阶段，有先礼后兵阶段、相亲相爱阶段、虐恋阶段、老死不相往来阶段、互相掐死对方阶段、归于平静阶段、生死恋阶段，等等。

一场恋爱马拉松跑到头，必定要经历这些阶段。曹晓最近一段时间跟男朋友孟建总是吵架，吵架的程度远比我们想象中的要严重、频繁，俩人几乎不能正常交流，一张嘴准嚷嚷起来。

曹晓觉得心很累，不知道怎么办了，担心这段感情随时都可能分崩离析。

经过曹晓的不懈努力，终于把这一阶段给熬了过去。虽然不吵了，但是曹晓总觉得有点不太对劲。

她觉得好像经过这一段时间之后，俩人的关系变得不再那么亲密了，似乎中间有着看不见摸不着的隔阂。

曹晓莫名地担心，甚至是恐慌，她不知道他们的爱情怎么了，就是感觉很糟糕。

我想这个隔阂的形成有很多原因，也许是恋爱的时间久了，俩人会产生一个阶段的疏远感；也许是经过了那段时间很长的争吵，心变得有点累了；还有可能是感情没有好好地维系，慢慢地氧化掉了；更有可能是沟通不到位或者沟通少了，忘记了互相理解。

临危受曹晓的命，我找机会问过孟建，问他和曹晓之间的感情怎么样？

孟建摇摇头说不怎么样，脸上的表情很失望，像是要放弃这段感情似的。

我心里一咯噔，这是要完的节奏吗？

我问："怎么了？"

孟建咬了咬牙说："我觉得吧，我们俩越来越不合适了。"

孟建跟我讲了几件事，经过那场争吵浩劫后，他一点都不想跟曹晓交流。上班会假装很忙的样子，也不会及时回曹晓的短信，就连约会的时候两人只是闷头吃饭，不知道聊点什么好。

孟建说曹晓从来不会问他最近怎么样？开不开心？有没有遇到烦心事？她总是以自我为中心——我不开心啊，我需要陪伴，我想怎样怎样，你必须怎样怎样。

就算孟建把烦心事写在脸上，曹晓都不会看到，她只关心自己的心情。

有时候孟建觉得过得特别苦闷，他没地方说。

孟建试过主动，他曾经主动找曹晓吐槽领导、同事、客户、工作，他想让曹晓了解他的内心，理解他，结果却非人所愿，曹晓并没能理解孟建，而是在孟建吐槽的基础上再次升级版地吐槽一遍。

孟建要的不是跟他一起吐槽——那是安慰女人的办法。但孟建要的并不多，哪怕是曹晓看着他的眼睛轻轻说句："我知道你憋屈，我知道。"然后再来个拥抱，足矣。

爱情在失望中死去。孟建对曹晓一次一次地失望，而曹晓对孟建也是失望的，在她单方面看来，孟建不爱理自己，一旦女方觉得男方不理自己，就是不爱自己了，一旦产生这个念头女生就停不下来。

曹晓产生了恋爱危机，孟建缺乏被理解。

正是那段长时间的持续吵架，伤了感情，再加上没能及时修复巩固破损的感情，才造成现在这个样子。

女人在感情里更需要被照顾，男人在爱情里更需要被理解。男女的需求是不一样的，所以我们更需要沟通，而且要用对方能听得懂的语言沟通。

什么叫对方能听得懂的语言？举两个小例子，虽然不太恰当但是很容易理解。

比如男方一周下来很累，身心疲惫，表面上看去也不太高兴，情绪不高涨，周末想要休息一下，女方想让男方高兴一下，就拉男方去逛街，给男方买点礼物之类的，消费一番，逛了一圈发现男方更蔫了。再比如，女方不高兴，男方想让女方高兴一下，就在网上订了两张电影票，美国科幻大片，带女方去看，男方两个小时兴奋极了，女方看得紧皱眉头，更不高兴了。

　　总之，如果想让对方开心，不要用能让自己开心的方式让对方开心，而是要用对方开心的方式让对方开心，把上面的两个例子对调，男方带女方去逛街买礼物，女方带男方去看科幻大片，就能皆大欢喜。

　　没有人天生就会谈恋爱，也没有人天生就知道另一个人的需求。所以，我们需要更好地沟通，如果对方不开心，为什么不开口问一下，试探一下，找找原因，想想对方平时喜欢做什么。

　　我们真的那么难以开口吗？就像平时说"我爱你"一样，你可以说"今天累吗""我陪陪你""我觉得你需要我""有什么事情可以告诉我，我可以帮你解决""有什么不开心的告诉我，我愿意倾听"等。

　　别一产生矛盾就"我爱你，我爱你"地说一串，你说别的照样是爱她的表现，我们需要张开口，去沟通。

　　我们真的那么倔强吗？一人说分手，另一人就倔强地说"好啊"，其实心里难受得不得了，我们明白彼此都不想分手，那为什么非要较这个劲呢？

　　我们真的不能坐下来好好谈一谈吗？当感情出现危机，我们为什么死绷着呢？只要开口去沟通，照顾对方的情绪，一定可以解决的。

　　我们都欠爱情一个沟通，欠过去的爱情，欠现在的爱情，也欠我们对爱情将来的规划一个沟通。

　　跟男人沟通一定要先礼后兵，先摆正态度，不带任何情绪地诚恳地说："我想，咱们需要谈一谈，就像沟通工作一样客观地谈一谈。"

　　男人的心有一半在事业上，剩下的一半才在爱情里，你先把这次谈话定性为像沟通工作上的问题一样，把他的另一半心给拽过来，这样你就可以跟拥有整颗心在你们爱情上的人谈了。

然后抛出一些你所关心的问题，听他怎么说，一定要倾听，还要时不时地点头，让对方觉得你很尊重他，这样他也会反过来尊重你，跟你耐心地、好好地、真诚地交流你们感情中存在的问题。

再告诉对方，你想要的未来，也听一下对方想要的未来。

那是你们一起的未来——未来一起。

Chapter 4

渣男比火和盗贼
更难防

〔回头草吃与不吃，这是一个问题〕

范小姐问我："你们男人都爱吃回头草吗？"

我犹豫了一下谨慎地说："分人吧，有的人爱吃有的人不爱吃。"

范小姐又问了："那什么样的人爱吃，什么样的人不爱吃呢？"

面对范小姐的求知眼神我试着回答："大概好男人不爱吃，渣男爱吃吧，好男人一心对你好，渣男对你不好。"

范小姐问："可是我觉得我男朋友对我挺好的，是个好男人，为什么还吃回头草了呢？"

我哑口无言。

见我不说话，范小姐又问："那你们男人什么时候吃，什么时候又不吃呢？"

嗯，吃回头草这件事确实是一个问题，一个大问题，不，是很多问题。

什么是好男人什么是坏男人呢？其实这个问题是没有标准答案的。

没有绝对的好男人也没有绝对的坏男人，只有相对的好男人和相对的坏男人。就连罪犯也不全是坏人，生活中看起来人畜无害的人也不全是好人。

好与坏，自在心中。

你认为好的，就是好男人，你认为坏的，就是坏男人。你爱到骨子里的那个人即使我们都认为他是渣男，你也觉得他是天底下最好的男人。你恨极了他，即使我们都觉得他人其实挺好的，或者只是一个误会，你也觉得他坏透了。

有时候在你眼里，他是一个好男人，可能下一秒因为某件事或者他的某个行为你就会把他打入坏男人的行列；有时候你第一面见到他，就觉得他这人不行，有点不正经、不真诚，还胡说八道等，可是你慢慢相处起来发现，嘿，这人还不错嘛。

好男人不是一成不变的，坏男人也不是一成不变的。

有句话人尽皆知：男人不坏女人不爱。

你希望那个男人要对你无限好，还要有点坏心思，因为这样让你觉得新鲜，而且他还能给你制造惊喜。

就是这点坏心思，如果稍微大一点，那么可能就成流氓了。如果稍微小一点，那就没有任何效果了。

哎，做男人好难，做一个好男人难，做一个坏男人也难，做一个好里透着坏，坏里透着好的男人难上加难。

他过于专情，你觉得他不解风情，他多情吧，你恨他滥情，绕到吃回头草这件事上那就更加复杂了。

比如，他是一个比较多情的人，逮谁爱谁，觉得谁好看就跟谁表白，然后你把他拿下了，觉得驯服他了，很有成就感，你是他的"终结者"。

然而有一天，他的前任也许是因为被人甩了，也许是因为寂寞空虚又与他联系，然后他背着你跟前任见面，他想这不是送上门的肥肉吗？虽然以前吃过，但是也很可口的啊，就像吃了三个月的牛肉偶尔吃一次羊肉岂不是美味翻了。

毫无疑问，他肯定饿虎扑食了啊。

再比如，他是一个还不错的男人，谈过两三次恋爱，从没有劈过腿，然后因为缘分你们认识，然后恋爱，在一起后你们的感情愈加稳定，也有争吵，但是没有大影响。忽然某天，他的前女友联系上了他，说自己难过，问他能不能过去陪陪她，安慰安慰她。

他有三个选择，一是不告诉你去找前任了。二是果断拒绝，早已分手，而且现在是有女朋友的人，不给暧昧任何机会。三是他告诉你了，但是由于担心还是想过去看看，怕万一出什么事儿。

他如果选第一种，那么你们基本完了，如果是第二种那么恭喜你，如果是第三种就又会分出两种可能，他选择告诉你，你很欣慰，但是他又很担心前任万一真的出什么事，于是你就会想他们以前是不是还藕断丝连什么的，不然前任为什么伤心欲绝的时候要找他，而且还能找到，而且还要他去安慰，别人就不行吗？是不是俩人以前就有过偷偷摸摸接触等，你各种猜测，然后感情出现裂痕。

我们继续假设，他去了，无论告诉你或者没告诉你，还是有两种结果，他做了对不起你的事儿，他没做对不起你的事儿。前者爱情会支离破碎，后者三方皆大欢喜。

但是到这里这两种结果的百分比就不一样，不是百分之五十对百分之五十，而是百分之九十九对百分之一。

前任过来找安稳，保不齐浑身冷要抱抱什么的，一旦接触就要发生什么事情。其实在他决定来的时候就已经做好了心理准备以及打算。只要他一行动就代表着他要吃这回头草了，他要去做"坏"男人了，反正没人知道，女朋友也不会发现，即使发现了，只要真心悔改她也会原谅吧，如果不原谅，哦，那就不原谅吧。

然而有时候奇迹是会发生的，在最后关头他脑海里清晰地闪现出你的影像，不，我不能这么做，我爱我女朋友，然后离开。恭喜你，他就是那百分之一的男人。

范小姐问好男人为什么还吃回头草呢？

范小姐的男朋友是个理工男，人很老实，跟他聊天他从不给你整虚的，有什么事说什么事。在我们的印象里大多数的理工男都是不怎么会谈恋爱的，可以说是恋爱白痴，范小姐的男朋友就是这样。

男朋友虽然实在可是架不住前任有心机。据说是在水星逆行的时候，前任回来找范小姐的男朋友和好，各种卖萌卖腐卖悲惨，糖衣炮弹与讲故事结合起来展开攻势。

男朋友听了前任讲述离开后的很多心碎故事，男朋友的防线一点点被瓦解。而范小姐有一点做得很不妥当——面对对方强有力的攻势，范小姐没有坚守住阵地而是各种发火，在后院起火以及她火上浇油的情况下，男朋友吃了回头草。

并不只是女人在爱情里是零智商，有时候男人更甚，恋爱中的男人就是个小孩子，有时候漂亮姐姐给块糖就跟人家走了，还是之前认识的漂亮姐姐就更没有戒心了。

这并不是给吃回头草的男人找借口，而是一个残忍的现实。这就是为什么很多姑娘不能忍受男朋友还跟前任保持联系，或者留有前女友的电话号码的原因。这里面存在太多我们不可控的因素了，连当事人自己都没法百分百笃定，何况别人？所以，但凡谈恋爱，必须将所有的前任联系方式通通拉黑。

无论男女，在爱情里都会犯错，找借口实在是多此一举。

那怎样避免一个你爱的人以及爱你的人吃回头草呢？

一是斩草除根，不能有草的存在。找不到草，便无从下嘴。

二是你要做一朵鲜花，带蜜的鲜花，有香甜可口的鲜花吃，谁还去吃苦涩的草呢。

〔他明明有女朋友
为什么总对外宣称单身？〕

　　毛小姐最近被公司里的一个男同事追求，一起吃过几次饭，看过几场电影，一套常规流程下来毛小姐对他还是挺满意的，好感也在不断增加，加上一起共事了这么久，工作能力也是有目共睹的，于是在一起了。

　　郎才女貌，自由恋爱，这本来是好事一桩，可是毛小姐的恋爱谈得委屈。

　　恋爱的初始阶段，像大多数人一样，约会约会再约会，甜蜜升级甜蜜升级甜蜜再升级。某一天，毛小姐接到一个电话，电话里是一个姑娘，要约她见面，告诉她一些关于她男朋友的事情。

　　毛小姐怕是骗子就挂了电话，不一会儿收到一条彩信，上面是毛小姐男朋友和一个陌生姑娘的合影。

　　想必，刚才打电话的姑娘就是这一位了吧。

　　于是毛小姐把电话打了过去，俩人约了地点。

　　见面后对方问："你了解你男朋友吗？"

　　毛小姐说："算是比较了解吧，我们同事很久了，你又是谁？跟他什么关系？"

对方说：“我们一个星期前还是男女朋友。”

毛小姐有些惊讶，因为跟他同事那么久，他在公司一直宣称自己单身的，而且每一次的公司联谊他都会参加。

毛小姐问：“你的意思是说他在追求我的时候是有女朋友的，也就是你，那么他劈腿了，而我就是那个被介入者？”

对方顿了两三秒钟：“其实情况比你想得还要糟糕，这不仅仅是男朋友劈腿那么简单，我也是刚刚搞清楚的，约你出来就是不想你也像我一样受到无辜的伤害。”

在听完对方的讲述后，毛小姐有点不敢相信——原来同事一直有女朋友的。但是他一直对外宣称自己是单身，就在同事把毛小姐追到手之后才跟前女朋友分手。

毛小姐问：“他有女朋友为什么还老说自己是单身？”

对方答：“我要是知道为什么就不会发生这样的事儿了，这件事儿咱俩都是受害者，是无辜的。”

对方走后毛小姐呆坐了很久，她还是不敢相信这么狗血的事情。

毛小姐决定自己验证真伪，她正常上班，正常约会，极力表现得很自然，不让男朋友发觉有什么异常。

终于，毛小姐抓到一个机会，她经过层层筛选找到了男朋友的社交网站小号，并在这个小号上她发现男朋友报了一场同城活动。而那天正是毛小姐加班的日子。

毛小姐找到自己的好朋友，让她也去报名这场同城活动。

毛小姐加班的日子到了，男朋友说他有点事情，并安慰了加班的毛小姐还承诺晚上会来接她，带着爱心宵夜。

毛小姐极力露出一个微笑，让他忙自己的事儿去，她会乖乖加班的。

男朋友走后毛小姐哪有什么加班干活的心情，盯着手机焦急地等待好朋友的消息。

过了大概三个小时，好朋友发来了一条录音，毛小姐迫不及待打开听，清楚地辨别出来是男朋友的声音，他在介绍自己，兴趣爱好、日常生活、喜欢吃的东西，拥有浪漫情怀主义等，重点是男朋友那句"至今单身"，几乎把毛小姐的耳膜刺穿。

毛小姐怒火中烧，一个电话打过去，强行压制怒火，尽量用平和的语气问男朋友在哪里，想他了。

电话里先是传来走路声，然后才是男朋友的声音："朋友的车坏了，在帮朋友修车。"

毛小姐说："哦，那你修吧，等晚上让我修修你。"

男朋友在电话那头会错意兴奋地答应。而毛小姐的实际意思是——修理。

毛小姐做了一件事，虽然有点过，但是毛小姐一点都不后悔，那就是给全公司群发了邮件，揭露他的丑陋行径。

隔天，他被公司开除，在所有人鄙视的目光中离开。

分手后，虽然毛小姐特别想问一句他为什么要这么做，心里怎么想的，但毛小姐还是忍住了，因为她实在不想再次见到他。

我们身边绝对有这样的人，他明明有女朋友，却总是对外宣称自己是单身，而且这类人不在少数。

我想大多数姑娘一定会把这类人归到不负责任的男人的行列里。如果你发现好姐妹的男朋友就是这样的人，一定会迫不及待地告知好姐妹，赶紧与之分手吧，这样的人不值得托付终身，长痛不如短痛。

虽然你讨厌这样的男人，但你也对这样的男人非常好奇，他们是怎么想的呢？他们为什么会这样呢？

我相信你的理智，遇到这样的人或者遇到这样的男朋友一定会懒得听他解释甚至干脆省去中间的"谈判"过程，果断而迅速妥善处理。但是这些关于男人的真相还是需要了解的，方便你更好地对症下药。

说他们多情对也不对，说他们三不（不主动不拒绝不负责）也不是，这类人有一个共同的特点便是主动，他们会主动寻找目标，主动追求，主动分手。

我至今没有找到一个精妙的词来形容归类他们，所以只好啰唆一堆他们的心理活动：

有点像骑驴找马，先找一个好下手的凑合着，然后继续寻找下一个更好的，用于替换以及体验，是一种带有针对性目的的行为。

吃着碗里的，看着盆里的，想着锅里的，打着感情的幌子，满足着自己阴暗的心理。

为什么说是替换以及体验？

替换很好理解，他们发现一个更好的目标，然后接近，初步了解后展开攻势，充分了解后觉得可以拿下就替换掉原来的，然后享受着更高一级的战果，继续主动、有目的性地寻找下一个更高一级的目标。

体验呢，是因为他们发现更高级别的目标接触了解后觉得有难度，或者追到手后会很麻烦，所以就只参与体验，体验完了，继续跟原来的人甜蜜如初，干着花心不专一的勾当。

所以，这就是他们在明明有女朋友情况下还仍旧对外宣称自己是单身的原因。

我管这种行为叫作"选择性狩猎"。对外宣称单身就是他们放出的"诱饵"，让你知道他是单身的，可以正大光明谈恋爱，然后你就会毫无防备地受到他的"进攻"。

你又问了，他们对现任或者下一个获取成功的目标有感情吗？

基本上是不深的，也许随着相处的时间长度会产生一丝丝感情，那也是占有欲的成分居多，他们往往有过一段被抛弃的经历。而占有欲与征服欲极强的他们是不允许有这样经历的。所以他们便开始了"征服"行动。

情感创伤会促使我们心中某些阴暗面的东西肆意生长，所以我们在受到伤害后会寻求安慰治疗。

即使曾经受过伤害，也不妨碍我们继续爱下去，正确的爱情会给我们以正确的引导与成长，愿我们的爱情明媚如初。

〔不管何种形式爱都难逃责任与时间〕

我不知道什么时候开始流行给男人贴标签、分类的，也无从追踪是从女性开始还是从男性开始的，什么凤凰男、经济适用男、渣男、小白脸、食草男、闷骚男、钻石男、宠物男等种类繁多到超乎你的想象。

开始写情感专栏后，我也试着去分类，以便于读者理解，尤其是女性读者更好地理解，可是有一个朋友——赖先生，令我犯难了，无论从哪个角度切入都无法分类。

这个时候有人好奇了，到底是什么样的男生呢？有多无法分类呢？大致是什么样的呢？

赖先生是我以前在传媒公司打工时候的同事，此人既宅又不宅，宅说的是赖先生独居，下班后没什么集体活动的话就爱奔家走，玩玩游戏看看电影不亦乐乎，周末也是如此。不宅说的是只要有集体活动他必参加，跟大家一起嗨。

他好像有女朋友又好像没有女朋友，有女朋友是他自己说的，还煞有介事地给我们看了照片，很漂亮。没女朋友是我们推测出来的，因为我们一次也没见过赖先生女朋友的真人。而且我们周末有集体活动的时候，赖先生也照参加不误，他不陪女朋友吗？按照上文所述赖先生在不参加集体活动的时候回家玩游戏、看电影、看剧，他是独居的呀。所以，我们的推测还是比较靠谱的。

赖先生很透明又很神秘，透明是因为他的一切动向我们都很清楚，上班时间就在眼前，回家玩游戏也不是假的。我们有很长一段时间一起玩同一款竞技游戏，那段时间很痴迷，一下班都迫不及待回家语音开黑（语音沟通合作对战）。神秘的是每个月赖先生都会消失两天，这两天是随机的，没有任何规律可言，消失的时候电话是打不通的。

细思极恐有没有？

如果不是在一家酒店门口遇到赖先生我还沉浸在畅想他来自某颗外星球的乐趣中——那天赖先生摒弃了他以前大裤衩（或短裤）、拖鞋的打扮，穿了长裤与衬衫，他旁边站着一个女孩，比赖先生矮半头，长发，穿着时尚，很漂亮，只不过鼻子上的眼镜有点厚，正挽着赖先生的手臂。

赖先生向我介绍这是她女朋友，在清华科技园搞研发的。

我脑海里立刻蹦跳出来了一个词——IT女。在我的印象中IT女都是不会打扮自己的，或者说没有时间打扮，相对比较邋遢，可是赖先生女朋友确实非常漂亮时尚，如果她不介绍自己的工作，百分之一百二的人不会猜到她竟是一枚IT女——如同《绿箭侠》里的Felicity。

然后我长长地"哦"了一声，瞬间明白了赖先生的这种生活节奏。

赖先生女朋友的工作性质如此，所以赖先生活得像没有女朋友的，也佐证了他为何一个月不定期消失两天，那便是女朋友加完一个阶段性的班，手头工作轻松之后的"团聚"，如同牛郎织女般团聚。

可是后来我发现我错了，大错特错——我一直以为是赖先生迁就他女朋友，实则这本就是赖先生的生活方式——他只想自己玩但是还必须有女朋友。

以上结论是跟赖先生喝酒喝嗨了之后畅聊出来的。

赖先生说他交女朋友一向如此——他有自己的生活方式，要绝对自由，要有足够大的生活空间，要交往的女朋友也必须接受他的这些要求，譬如一个月只见两天，可以把两天分开用，也可以并在一起一连见两天，其余的时间就各自自由支配，她愿意找朋友逛街就逛街，而他则可以跟朋友聚会或者宅在家里玩游戏。当然，过节之类的，像七夕、重阳、国庆、五一、圣诞、情人节什么的，可以适当增加见面次数以及时间长度。

我听完赖先生的这番"交友理论"或者叫作"私生活理论"瞠口结舌——真的有女孩愿意这样吗？还真找到女朋友了！还那么漂亮！

我问赖先生谈过几个女朋友了，赖先生想了一下说四个，初恋是在高一谈的，当时双方在不同的学校，还都是寄宿制学校，一个月就放一次假；第二次恋爱是在大一谈的，不同学院，课总是对不上，他没课的时候她有课，他有课的时候她没课，到了周末呢赖先生爱睡觉还懒，能坐着绝不站着，能躺着决不坐着，周末经常性在寝室睡一天，为这事他女朋友周末经常闯男生宿舍；第三次恋爱是大四的社会实践期，赖先生与刚交往的女朋友都找了单位实习，一心扑在"事业"上；IT女便是他第四任女朋友了。

我无比好奇地问他："你交往过的女朋友就没有在'见面少'这件事儿上抗议过？"

赖先生说："恋爱前我都是要发声明的，她同意的话我们才在一起。"

赖先生的回答再次令我瞠目结舌，竟然真有女孩同意这种奇怪、奇葩、奇特、气人的"恋爱声明"？

我想大多数姑娘是肯定不能接受的，一个月加起来才见两天，这还是谈恋爱吗？同城恋谈得跟异国恋似的，铁定不能忍啊。

那么同意赖先生"恋爱声明"的姑娘肯定占极少数的，在比例严重失调的情况下赖先生还能用这一套"恋爱声明"交上女朋友，这概率，堪比彩票中奖率了吧。

我又问赖先生："既然你只想自己玩为什么还要交女朋友呢？"

赖先生不假思索地回答："女朋友嘛，另一半嘛，人人都要有的呀——你减肥就不吃饭了吗？你素食主义者就不吃鸡蛋不喝牛奶了吗？对我来说，女朋友就是必备品，随时得备着，你可以不用，但是不能没有。"

这是什么理论！姑娘们，现实生活中活生生的例子啊！你可能会想，不至于吧，是不是有点极端了？没这样的男人吧？

后来我总体分析了一遍，这样的男人还真的挺多的，你可以想一下曾经用力追你的男孩，在追的过程中各种对你好，任何事情几乎全程陪伴，一旦你被他追到手，慢慢地会发现他的时间会变少，或者他属于你的时间会变少，甚至有的刚追到手就去打游戏不理你了。

这样的不在少数吧，只是赖先生更具有代表性罢了。

你恍然大悟，好像男朋友就是这样的，或者害怕自己遇见这种类型的男人，如果遇见了该怎么做呢？

首先，你要清楚你们感情的分量有多重。如果你特别珍惜你们的爱情，你特别爱他，前提是他是一个值得被爱的人，他只是有些小孩秉性而已。那只能去改变了，改变不了他，就只能改变自己，在改变的过程中，但凡有一秒钟的犹豫、怀疑，或者觉得不值得，这份感情大抵就可以告一段落了。

要么分道扬镳，你找适合你的，我找适合我的，让爱情观相同的人去在一起，彼此放过彼此，安居乐业。

一个男人爱你，足够爱你，基于两点：一是用行动支撑起你们的小世界，二是花时间与你共度当下日子。

一个男人为你行动，是有责任的表现。这种责任是主动去承担的，在爱的义务里是无法逃避的，他主动为你遮风挡雨，主动为你变得更强大，主动给你安稳踏实的未来，等等，这一系列的行动会让你觉得，这是一个有责任心的男人，爱自己，跟着他踏实也值得。

时间，这种东西最廉价也最奢侈。我们在年轻的时候，大学时光或者二十五六岁之前，物质基础还不坚实，拥有的只有大把大把的时间，此时时间便是廉价的。虽然廉价但不能虚度，我们可以拿出这些廉价的时间来陪伴爱人、增进感情、互相鼓励和一起上进；随着我们彼此的愈加成熟、强大，时间成本变得越来越贵，肯拿出固定时间去陪伴你，与你在生活中珍惜每一分每一秒的人变得愈来愈少，甚至是朋友之间都要事先打电话确认："嘿，明天有时间吗？一起去逛街吧。"

你收到的回复也许是这样的："哎，改天吧，加班。"

抑或是这样的："哎呀，你早点打电话啊，刚才那个谁谁谁打电话已经约了那天了，咱们换个时间吧，下周末你有时间吗？哦，没有啊，好可惜，下下个周末我又没时间了。"

那个时候，你会因为你的恋人每天拿出固定的时间去陪你做很多事情而感动吧。

反之，他没有行动、没有时间，你觉得你拥有他吗？暂且不论你爱得多么死去活来，单从对方的角度来看，你在对方那里肯定不是最重要的，排名也许在游戏之后、朋友之后，甚至是同事之后。

也许你们的相处相爱模式也不是普遍的，但是，不管何种形式爱都难逃责任与时间。

〔别做寄居蟹型男朋友的螺壳〕

安娜是一个优秀女青年，不仅颜值高身材好，还有着体面、高收入的工作，扔进人堆里，绝对是气质特别出众的那种。

特别优秀的姑娘，就特别容易单身，因为总得找一个与之相匹配的吧。可是大多数男生不太喜欢特别优秀的姑娘，尤其是比自己还要优秀很多的姑娘。这一点上，女生跟男生不同，女生更喜欢比自己优秀、厉害的男生，男人比女人更优秀可以让女人有安全感，觉得有依靠。而男生的安全感来自自己的"统治"，他能"统治"某些东西或者比自己的恋人强大，那么他才会有安全感。反之，对方太优秀的话，那么被"统治"的男生可安全不起来。

所以，一个比较优秀的姑娘找到一个比自己还要优秀的男朋友是最佳的搭配，双方都会有安全感。

但是，现实中这样的概率其实不算大，而且相匹配的人数比例也比较低，所以现实中总有一些不尽如人意的爱情。

比如安娜的爱情就反了过来，优秀的安娜的男朋友不怎么优秀，甚至可以说不优秀，然而安娜觉得哪有爱情的齿轮一开始就是完全咬合的呢，不得慢慢磨合，多教教总能教出一个优秀的男朋友的。

她的男朋友，也没有觉得被"统治"而丢失安全感，反而心安理得。我把这一类男生归为"寄居蟹型"。

寄居蟹先生比安娜要小两岁，除了稚嫩一点并没有产生多大的代沟。他刚刚毕业，找了一家公司实习，工作轻松事儿也少，有着大把的时间。有着大把的时间的意思是没有大把的收入，他实习生的那点工资，付完房租所剩无几。所以，每次约会，几乎都是安娜花费。

你若是问寄居蟹先生买过什么礼物送给安娜，我会告诉你买过手套、围巾、袜子、30块的耳环、发卡、别针，等等。

你若是再问，寄居蟹先生买过什么像样的、价格比较贵的礼物送给安娜吗？我会告诉你也买过，像情侣手表、高跟鞋。不过不是如你所想自己攒钱买的，而是用安娜的钱买的。对，就是这样，用安娜的钱买礼物送给安娜。

了解了一圈下来，你会发现安娜根本就是寄居蟹先生寄居的螺壳。

我问安娜："你觉得这样的爱情真的好吗？"

安娜非常不以为然："我觉得没什么啊，现在他经济情况就是不如我好啊，男女朋友嘛，我帮他一点也是应该的，后面他经济情况好了一定会给我用钱的啊。"

其实安娜的话一点都没错，男女朋友在经济上互相帮助是非常正常，还能促进感情的一种方式。一方得到了另一方的帮助、关爱、付出，会促使自己更加努力、上进，更关心、关爱对方。如此一来，两个人的感情状态就会进行良性的互相循环。

可是这种帮助在于——互相。而安娜的这段感情只是安娜在帮寄居蟹先生，寄居蟹先生没有一点回馈而且还享受得心安理得。

连感情都是要互相回馈的，就别说看得见摸得着的金钱了。就像朋友之间，哥们也好闺密也好，大家玩得好都是今天我请你吃顿饭，明天你非得要请回来，我看到你喜欢的东西想买来送你，而你也会心系于我。所有的感情都是在相互的过程中逐渐亲密、成长的。

后来寄居蟹先生的房租都要安娜来付了。安娜说："他不是刚工作嘛，没多少钱，我帮帮他，何况他是我男朋友呢。"

是男女朋友就要无条件地给予经济上的帮助吗？

不止一个人问过我类似的问题。任何事情都是要讲条件的，包括感情。假设你一直是在感情里付出的那个人，当你长期付出而对方在此期间一点回馈都没有，你就感到不平衡，你就会想为什么在这段感情里都是你在付出，而对方却什么表示都没有，哪怕是一句"谢谢你""我觉得你真爱我啊""有你真好"之类的话都没有。随后，你还会产生一个问号——他真的爱我吗？最后会得出一个结论——他是不爱我的。当这个时候，即使对方口口声声说爱你，你也不会相信的，因为你看不到，你失望了，你要退出。

我还遇到过情侣之间借钱的，在情侣关系之外还产生了借贷关系。一方觉得你是我男/女朋友嘛，借钱应急，另一方觉得反正是男/女朋友嘛，需要的时候帮一把。然而一方继续觉得男/女朋友嘛，多借几次也没问题啊，不及时还也没问题啊，干脆不还也没问题吧，另一方想男/女朋友嘛，也不好意思要，就这样吧，什么时候还什么时候算吧，也许他/她忘记了呢。

当一方再次找另一方借钱会发生什么事情呢？

有一次寄居蟹先生跟以前的大学同学约好一起去杭州玩两天，找安娜商量，安娜说："没问题，你去玩吧，别担心我。"

寄居蟹先生笑了笑，安娜忽然明白过来，出去玩得用钱的，原来他不是担心自己，也丝毫没有过来讲几句类似"我跟朋友约好出去玩几天，你一个人要好好的"这样的话的意思。

有朋友在安娜身边提醒：你把人家当男朋友，人家拿你当提款机。

还有朋友吐槽：我无法想象一个大男人竟然这么好意思。

安娜还傻傻地维护寄居蟹先生的形象，说他还小，等他成熟一点就好了，等他经济好一点就好了，等他……

从某种程度上，这关系到一个男人的尊严问题。如果他连一个男人的尊严问题都没有意识到的话，其他的事情也不会意识到，他甚至意识不到安娜的爱、安娜的宽容、安娜的保护和安娜的引导。

女人是男人的大学，可是有些男人就是无法毕业，你再怎么使劲也帮助不了他成长，他们需要时间，需要很多很多时间。

安娜遇到的这种情况很容易避免，只要及时收起圣母心。当你觉察到对方是一个索取型的男朋友，而且是只索取不回报的类型，你就别对他抱太大希望了，及时跟他谈一谈，谈过之后如果他仍旧"不忘初心"，那么你就可以让他提前离校去外面进行社会实践了，不然你就会沦为寄居蟹的螺壳。

最后安娜还是放弃了寄居蟹先生，让自己从螺壳重新回归优秀女青年行列。安娜无论怎么努力都无法改变他从寄居蟹变成一个普通型男朋友，还弄得自己疲惫不堪。

我们固执的心总是等到累极了才会放弃，不过，还不晚，不是吗？

〔*没有计划未来的爱情，*
永远没有未来〕

　　艾姑娘喝嗨了的那天，站到桌子上手握酒瓶当麦克风，大声喊着，千万别找她前男友那样的做男朋友。

　　那天艾姑娘找我们喝酒，是因为她失恋了。她找我们喝酒并非郁郁寡欢，需要大家安慰之类的，相反她看起来还挺高兴的，在朋友堆里谈笑风生。她找我们喝酒纯粹是以失恋为借口的一次聚会活动。

　　艾姑娘说："失恋嘛，总得喝点酒浇灌一下受伤的心灵，我心灵虽然没受伤，但是也得给失恋点面子，浇灌一下，我也别一个人浇灌了，大家出来一起浇灌浇灌。"

　　酒过三巡，有个朋友问艾姑娘前男友给她留下最深的印象是什么？

　　艾姑娘想了半天，说是前男友的一句话——愣着干吗？快跑啊！

　　故事是这样的：

　　某个晚上艾姑娘跟男朋友看完电影出来已经是凌晨一点多了，街上空空荡荡的，俩人站在路边打车，不远处有三个人似乎在追逐打闹，随着几声清脆的叫骂以及动作的夸张幅度，艾姑娘和男朋友确认他们是在打架，两个打一个，那个被打的朝着他们跑了过来，越来越近。

艾姑娘一转头发现男朋友已经跑远了，冲她大叫："愣着干吗？快跑呀！"

当时艾姑娘都惊呆了，喂，你是做男朋友的啊，有了危险不护着女朋友不说还自己先溜了，就算是要溜也得先拽上女朋友一起啊，最男人的做法虽然不是掺和进那场混战三下五除二干倒他们"英雄护美"，也应该是挡在女朋友身前，让她先走然后跟在女朋友身后吧？

这件事之后艾姑娘一度怀疑自己的男朋友心中住着一位柔柔弱弱、担惊受怕的少女。她也不知道如何跟男朋友探讨这件事，每次她想提出来都觉得不对劲，然后生生给憋了回去。

这件事一直憋在艾姑娘的心里，令她很是别扭，也不知道应不应该找朋友倾诉（吐槽）一下，这样的男朋友能要吗？一旦有危险自己先溜了，让女朋友挡枪？分手吧？好纠结！再给他一次机会？人之常情？也许只是胆小一点呢？

后来艾姑娘知道男朋友不是胆小，而是可能真的在关键时刻忘了她是他女朋友，而且也不懂爱是什么。

这当然只是艾姑娘自己给自己想的一个相对好接受的观点，再往深处想，她就不敢想了，太钻牛角尖来考虑爱情，她怕自己连回忆里唯一的一点美好都抹杀了。

艾姑娘的男朋友当时在广告公司实习，三个月试用期快到了，同期实习生都提前转正，就他自己还不行。

艾姑娘见男朋友最近总是愁眉苦脸就问他怎么回事。男朋友苦恼有个案子拿不下来——他负责一个汽车广告的项目，广告方案做得一般，一直觉得自己口才不行，搞不定客户，所以没法交差，还有可能因此失业，所以最近有点破罐子破摔，想着实习过不了就再找另一家实习。

艾姑娘想给他点信心说陪他一起改方案。可是在修改方案的过程中，男朋友依旧很懈怠，艾姑娘几番鼓励都无济于事，案子几乎都是由艾姑娘一个人修改完成的，改完之后几乎成了一个新的方案，而且比原方案要精彩数倍。

艾姑娘满意地将方案交到男朋友手里让他放心去谈，肯定能拿下来。

男朋友还是没信心，一直退缩，根本就不想去谈，不敢去面对。

艾姑娘超无奈，耳边响起男朋友那句高声辽阔的呐喊："愣着干吗？快跑呀！"

男朋友就像扶不起的阿斗一样，无论艾姑娘怎么劝说男朋友都是一副"我不听我不听"的模样。

艾姑娘想着再帮他一次吧，可能谈客户这件事对他来说真的是个难题，也许帮他谈成了，案子是他的案子没准就有信心了呢！

艾姑娘假装男朋友的同事去见客户，讲解方案，事情很顺利。

男朋友拿到了案子很兴奋，艾姑娘觉得是时候跟男朋友好好谈一谈了，但是直接聊又有点太伤他自尊心了，艾姑娘找了一种办法——问题诱导法。

当时男朋友正抱着大瓶可乐在喝，艾姑娘问他："你对未来的规划是什么样的？"

男朋友反问："什么规划？"

艾姑娘说："你自己的规划，人生啊、事业啊、想做什么、要做成什么样等，或者你对我们俩的规划，我们的将来是怎样的？我们今年已经搬出来住了，大四实习也马上要结束了。"

男朋友长长地"嗯"了一声，然后又喝了几口可乐。

数十秒的空白，让艾姑娘彻底心寒了。

然后男朋友说了一句话："媳妇，你是不是对未来充满了担忧啊，别担心，有我呢……"

见着艾姑娘一直不开心，男朋友继续说道："我已经想好了，我会对你负责的，等毕业咱们就结婚！"

艾姑娘说："那结婚之后呢？咱们怎么过日子，你有没有想过要如何实现咱们想要的未来？"

男朋友搂着艾姑娘："放心吧，这有什么啊……总不能饿死吧，到时候就有方向了，实在不行，我就回老家。"

艾姑娘问："那我呢？"

男朋友忽然又愣了。

那一刻艾姑娘明白，她要离开他了。

艾姑娘和我们说："我发现他根本就没有计划过我们的未来，而且他对未来连个概念都没有，他甚至对爱情都没有清晰的概念，还有一种可能是不爱我，所以关键时刻他都忘了我了。遇见危险忘了喊上我跑，没有规划过我们的以后，甚至在工作中得过且过，即使我拉着他为我奋斗都不奋斗。我觉得他可能是不够爱我。"

说到最后，艾姑娘有些激动，朋友们一直在劝，而我没有劝，我不想骗艾姑娘，因为她现在所说的一切感觉都是对的。

恋爱中有一个说法叫"快走不爱"，讲的是如果一个男人和一个女人在一起行走，男人腿长步伐大，女人腿短步伐小，但是男人走路很

快，女人需要小跑才能跟上，这其实是一种不爱的表现。

　　也许有人喜欢讲一些自我安慰又似乎听起来有道理的话，称这是习惯，又或者说本来就是身体差异，他习惯快走了改不过来啊。

　　若他爱你，他肯定时刻想着你，想着和你相处想着如何照顾你，想着如果你遇到困难，他会比你更着急。

　　男人并没有那么粗枝大叶的时候，若真的表现得粗枝大叶，那么其实是因为不爱。

　　我在没有遇见我想负责一辈子的女人之前，我也像艾姑娘的男朋友一样有事情先顾自己，没有事情得过且过，当时的女朋友问我未来的时候，便随口回答着结婚，到时候就结婚。

　　后来分手了，辗转遇见了我想结婚的女人，我才知道，其实在与前任交往的过程中，我并没有注意过与她相处的细节，也没有系统计划过与她结婚的事情，因为我根本就不会和她结婚的。

　　所有没有计划过未来的爱情，其实都是走不到未来的。

〔放手吧，
你的爱情已经贴了太多创可贴〕

在一次小圈子的聚会上，有人问小井想找一个什么样的男朋友。小井说没什么别的要求，就一点，别打她。

然后在座的人都笑了，觉得小井挺好玩的，找男朋友的标准好有意思。

小井也跟着笑，她环视一周，看到了我，对我点了点头。我能从她的眼睛里看到一闪而过的泪光。

小井刚才讲的不是玩笑话。

记得她向我讲述她男朋友暴力先生的时候是在一个深夜，我正在赶稿，忽然接到她的电话。她在电话里的声音有点抖，她说自己在出差，一个人住很害怕，睡不着，翻了一遍通信录发现这个点也只有我没睡，就给我打了电话。

我问她怎么了？她说：我给你讲讲我男朋友吧。

小井跟暴力先生恋爱了五年之久，算是青梅竹马了。他是她的初恋。要知道，女生对自己的初恋男友总有一种特别的感情。

他们是一个地方的，小学初中高中一直到大学都在同学，之前一直没有什么感情发展，到了大学觉得很有缘分，而且还是老乡，好像就理所当然地成了情侣。在小井的印象中，谁也没有表白过，他就忽然吻过来，小井没有拒绝。

小井以为很了解暴力先生，毕竟是老乡，而且一起上了这么多年学。但是久了之后小井才发现从来没有了解过他。

小井对他之前的印象是：这个人挺温和的，尤其是对人谦和，跟同学和老师在一起都是一副好好学生的样子；学习成绩一直都很棒，头脑灵光，用心上进，中学时候参加奥数比赛拿过三等奖；晚自习还送过她回家，在小井看来，这是非常贴心的保护。因为有一段时间她回家的那条路的路灯坏了好久，特别黑。

在一起之后小井发现他的性格挺不稳当的，准确地说易怒易暴，情绪起伏落差极大；而且，非常大男子主义，他必须优于她以及控制她；不过，有一点不错，暴力先生对小井还是挺照顾的，也做到了男朋友应有的那份爱，担负了男朋友应担负的那份责任。

小井想，也不错，他挺爱自己的，就包容一下他吧，谁还没个缺点，相应的，自己的缺点他不是也包容嘛，何况爱一个人就要爱他的全部，爱他的优点，更要爱他的缺点。

看来小井海量啊，爱情鸡汤干了一碗又一碗。

大二那年的一个周末，暴力先生跟宿舍的人组团到网吧玩游戏，把小井一个人丢在学校里。小井宿舍的姑娘们一半跟男朋友去约会了，另一半单身的结伴去逛街了，只剩下小井一个不单身的单身人在宿舍里看剧。

中午饭点，小井下楼到食堂吃饭，正好碰上同班的一个男同学，男同学一看小井也是一个人就相约坐在一个桌子一起吃。小井正好无聊，就同意了。小井心里十分清楚，她跟这个男同学不会发生任何的感情交集，一是因为小井的心全在暴力先生身上，二是因为他们班都知道他在追求班长。

饭吃了一半，暴力先生忽然出现在食堂，旋风般走到小井身边，抓起她的手腕使劲拽了起来，然后愤怒地看着小井说："我不在你就跟别的男生吃饭？"

小井说那一瞬间她被暴力先生的眼神吓坏了，特别想逃跑。可是小井动弹不得，因为手腕被他牢牢卡死了。小井还说，那时只有恐惧，感觉不到疼，事后才发现手腕被他生生卡掉一层皮。

事后暴力先生给小井道歉，说太爱她了，见不得她跟别的男生走那么近，特别害怕失去她。小井原谅他了，原谅的原因一半是他的话还是蛮让人感动的，另一半是她有点害怕——那一瞬间的眼神，像是要吃人，当时小井绝对相信如果不示弱的话绝对会挨耳光。

这是暴力先生第一次在恋爱中展现下意识的暴力意图。

而这次，小井并没有放在心上。

还是大二那年，周末小井偷偷混进男生宿舍找暴力先生，暴力先生正在宿舍跟舍友们一起打牌。大家见小井来了都喊嫂子，喊得小井心里特别高兴。然后大家说不玩了，让暴力先生跟嫂子一起出去玩吧。暴力先生不乐意了，说："干吗不玩啊？接着玩，别管她，就让她在这看着就行。"

大家有点不好意思，又劝了几句。暴力先生声音提高了八度："干吗啊？赢了钱就不玩了？继续！"

大家只好接着玩，小井就在暴力先生一边看着，这一看就是一下午。小井看不太懂，觉得很无聊就想回宿舍跟姐妹们聊八卦，暴力先生大概是一直输，心情不佳，吼了小井一句："待着，我不让你走你就别走，刚才玩得好好的，你一来就扫大家的兴。"

宿舍里的人开始劝，这一劝让暴力先生更来劲。小井一见暴力先生的火上来了就想逃走，刚迈出一步就被暴力先生抓住了，然后用皮带把小井的手绑在床架上。

大家看不过去了，说不玩了，把钱都退给了暴力先生，然后让暴力先生把小井放开。

暴力先生看着桌上的一把零钱，觉得特别丢面子，把所有的火都发在小井身上，把所有的错都怪到她身上，就在暴力先生动手之际，宿舍里的兄弟把小井救了，并护送到女生宿舍门口。

小井吓坏了，跑回宿舍，上楼的腿都是打晃的。回到宿舍小井开始哭，宿舍里的姐妹问她怎么了小井只是摇头。

后来小井心里憋得难受就偷偷告诉了睡在下铺的闺密，闺密劝她分手。

小井犹豫了。但是这一次小井意识到了暴力先生的暴力倾向。

不过这次事情之后，小井还是被暴力先生哄好了，小井心里存在侥幸心理：只要我不轻易惹他，他就不会情绪失控，平常对我还是非常好的。

暴力先生各种诚恳地认错，也一再保证不会对小井那样了。在后来的很长一段时间里暴力先生都没有对小井表现出暴力行为倾向。

大四那年毕业旅行，他们去了厦门。由于女生性别的特性，事情比较繁多，尤其是在出门的时候或者走路的时候抑或是看到漂亮东西的时候。

在厦门的第三天，也是最后一天，想去的地方都去遍了，他们决定这一天在市里逛逛、沿街走走，感受一下城市的生活气息与脉搏。

由于前几天玩得太嗨，过于疲乏，小井走着走着就累了，鞋子也不是特别舒服，越走越慢，暴力先生一回头就会发现落下小井很远，然后催促她快一点。小井抱怨加撒娇，鞋子也跟自己作对，脚腕都磨破了一层皮。暴力先生忽然没有任何征兆地烦了起来，指责小井事儿多、娇气、矫情。

小井见状不敢跟他顶撞，一个人默默地在后面慢慢走，暴力先生在前面越走越快，最后没影儿了。小井意识到他把自己一个人丢弃在了陌生的街道上、陌生的城市里。

小井蹲在路边，回想在此之前的事情，她发现虽然暴力先生没有展露过暴力行为了，但是对自己的冷暴力很常见，经常是把自己晾在一边不管不顾。包括眼前这一次，也是冷暴力的一种，直接丢掉她走掉了。

小井歇了一会儿，她打了车回酒店，发现暴力先生还没回来。

小井觉得太累了，回到房间躺在床上就睡着了。

不知睡了多久，小井觉得自己飞了起来，等她睁开眼才发现原来自己被拎了起来。然后自己被重重地摔到了床的一角，身体一滚，又摔倒在地上。

腰很疼，小井的眼泪都出来了。恍惚中她听到暴力先生在嚷骂："你自己一个人回来了啊，睡得舒服吗……"

小井觉得身上好痛，接着嘴里有浓浓的血腥味，眼角很热。

小井醒来的时候是在医院里，眼角裹着纱布，她觉得身上很痛。医生告诉她的眼角缝了4针，以后可能会留疤，如果再差那么5厘米，伤到的就是眼球了，身上还有不少的皮外伤，但容易愈合。

小井很害怕，躺在病床上一动都不敢动。她甚至不知道这里是厦门的医院还是哪里。

这次，小井结结实实地用肉体体会到了一次真正意义上的恋爱暴力。

她已经在心里拿定了主意，离开他。

暴力先生捧着花来看她，她藏进被子里，不敢见他。他在病床旁一直道歉、哄她、说好听的、说软话和说一切能说的话。

小井不敢不听，也不敢赶他走。最后实在是绷不住了，如果他再待一分钟她就要疯掉了。小井躲在被子里开始尖叫，护士们赶紧赶了过来，把暴力先生请出了病房。

养病期间小井向护士小姐借了手机，通知了宿舍好友，闺密带着几个人连夜乘火车赶到厦门，偷偷接走了她。

用小井的原话说，出院的过程简直像是在逃亡。

直到回到宿舍，小井的心才稍稍落下来一点。

闺密再次劝她分手，这次小井完全同意了。

小井本以为她的爱情只是贴了几个创可贴，伤口很小很容易愈合，没想到却是缝了针线、贴了纱布，险些致命。

小井养好了伤后正式提出与暴力先生分手，那个时候他们已经毕业了。

小井是通过电话跟他说分手的，她太害怕与他面对面了。暴力先生不同意，说可以改，再也不会伤害她了。而这次小井无论如何也不相信了，就算是他真的能改掉，她也要离开他。

暴力先生不同意分手，还提出要见小井的要求，小井不敢跟他强硬地对着来，只能委婉拒绝，借口伤还没好，不方便。如果态度太强硬把他逼急了不知道他要做出什么疯狂的举动，况且老家都是一个地方的，低头不见抬头见，避不开的。

俩人在电话里打了一会儿太极，暴力先生没耐心了，说要是分手的话谁也别想好过，分手的话就杀了她。

小井愣了几秒，在这几秒钟里小井不是恐惧，反而非常清醒。她知道避不开的，害怕也没用。小井在电话里安抚好了暴力先生，暂时不分手，挂了电话后小井脑子里飞速想着对策。

最后小井决定暂时不与他分手，因为小井相信他真的会杀掉她，她见过那种眼神。

此后，小井用了整整一年的时间，慢慢地与他分离开来，采用"洗脑"的方式，让暴力先生主动与她分手了。

当暴力先生提出分手的那一刻，小井感受到了前所未有的解脱。

小井再也不愿意回忆这一年有多么漫长，她几乎是数着每一秒过的。

小井在电话里跟我讲完她的爱情故事后，震惊得让我一句话都说不出来。小井在电话那头语气轻松地说："谢谢你，天亮了，不怕了。"

后来我收到小井的一封邮件，她说我可以把她的故事写出来，写给一些正在受伤害的姑娘看，也许可以让那些姑娘少受一点伤害。如果是没有受到过伤害的姑娘看到也算是提个醒，能预防可能受到的伤害。

我说好。可是我把小井的经历反复在脑子里过，都不知道如何写出来，直到今天，我看到小井的眼神，她能谈笑风生地讲出来说明她已经走出来了。而她的眼睛里一闪而过的东西，也许不是泪光，而是她浴火重生的坚强。

我曾经还写过一个女性朋友，她不允许任何人在任何情况下触碰她的背，即便是在大街上，你从后面拍她一下，都会引起她的尖叫。

原因是她的前男友有暴力倾向，只要前男朋友一发脾气或者俩人争吵她准挨打，拳打脚踢。最严重的一次是前男友拿着椅子砸她的背，那一次差一点就把脊椎打骨折了，险些下半辈子都得在病床上度过了。

所以，她很怕别人触碰她的背，尤其是男性，只要别人一碰，就会勾起她痛苦恐怖的回忆。

　　其实我们心里都清楚，一份感情在什么时候、怎样的状态下是好的，一份感情在什么时候、怎样的状态下是不好的。在开始的时候，每个人心中都有一把爱情的尺子，去衡量自己的爱情。但是，当爱情谈的时间长了，积累的小事多了，男人女人之间的磨合越来越多，在这个磨合中所产生的情绪也越来越多的时候，女人往往就会忘记自己曾经的这把尺子是如何精准地衡量爱情的。她之前对爱情的要求是5厘米，但是她的爱情不小心胀到了6厘米，于是她就把自己的尺子硬抻成6厘米；她的爱情缩短成了3厘米，她就费劲地将尺子挤成3厘米，如果挤不成就费劲心思，掰断了揉碎了，重新打造，也要合上她的3厘米。

　　但唯独忘记了，当初的刻度是没有错的，对爱情基本的认识也是没有错的。一份良好的爱情关系，一定是让人觉得温暖的、向上的、稳定的、平等的关系，而不是需要各种迁就、各种自我安慰、各种承受的关系。

　　特别是一些严重的伤害性事情发生的时候，一旦发生就已经把你们以前的种种美好都摔碎了。这是一个循序渐进的破坏过程，第一次他打在你身上，一个小的伤口你可以拿创可贴贴住，第二次再出现这样的问题，其实心中的伤口就在无形中扩大，也许这还可以贴住，但是随着第三次第四次第五次……渐渐地越来越多的伤口出现的时候就别费劲了，别贴了，贴不住了，贴满创可贴也无济于事了。

　　"血崩"的爱情，一个创可贴是止不住的，你该放手。

〔*晚安说个不停的意思*
就是想和你一起睡觉〕

　　硬币小姐是我一个认识了很久的朋友，久到都忘记是在什么时候什么地点怎样认识的了，她好像就一直在我的朋友系统里储存着。

　　一个深夜我刷手机见她发了一条朋友圈，就简简单单的两个字——晚安。

　　这是发给谁的呢？虽然只有两个字却透着一丝丝甜蜜。肯定是发给异性的，闺密的话犯不着这样，我猜测她极有可能是谈恋爱了。

　　硬币小姐非常优秀，属于那种有颜值有气质有内涵的高分姑娘，但是她谈恋爱极少，据我所知不超过三个，大抵是越优秀的姑娘越难找到相匹配的对象吧，或许直接吓得对方不敢追，在这方面先扫死了一大半。

　　正在我胡乱猜测的时候，就有朋友评论：谈恋爱了吧、谁啊、帅不帅、能让硬币小姐动心的人不一般啊、哎呦喂恋爱了吧、恭喜恭喜、难得一见、终于打开心扉了啊……一石激起千层浪，后面的评论诸如此类。

　　硬币小姐统一回复：八字还没一撇呢，莫急，成了肯定带给你们看。

　　也许生活太琐碎，无聊与不如意充斥周身，一件小事就可以激起人对垂死生活的一丝丝热情，不知是谁把一帮朋友拉进一个讨论组里，让硬币小姐曝未来男朋友的照。

硬币小姐声明，还处于初步接触阶段，等差不多确定了再让大家见"庐山真面目"。

群里有一个一直对硬币小姐有好感的男性朋友酸溜溜地说："都公开'晚安'了，肯定是有好感啊。"

硬币小姐澄清，她只是象征性礼貌性地回应一下，原因是对方晚安一直说个不停。

大家又闲扯了几句后休息了。

隔天一早，我以收集情感故事为缘由约见硬币小姐，以一顿大餐为代价，硬币小姐答应分享这个故事，我这才知道"对方晚安一直说个不停"究竟是怎样一种说个不停了。

晚安先生是硬币小姐公司新来的同事，坐在硬币小姐隔壁工位上。按照晚安先生对硬币小姐的说法——只一眼，就让他魂不守舍了。

听到这里，我下意识吐槽了一句："普遍情况下，男人看见美女都会出现某种程度上的魂不守舍。"

硬币小姐问："你是在夸我好看呢？还是吐槽新同事是好色之徒以及目的不纯呢？"

我说："当然主要是夸你好看，他是沾你光了，顺便吐槽他一下。"

后来晚安先生就对硬币小姐展开了追求攻势，简直迅猛至极。刚到新公司的第一天就以了解公司情况为理邀请硬币小姐吃饭，这个理由表面上正大光明，也是人之常情，硬币小姐也不好拒绝。

晚饭的时候硬币小姐只单纯地给晚安先生讲了一下公司的大概状况

以及boss们的脾气习性。

硬币小姐回到家后，有些累了洗漱后躺在床上准备看会书就睡了，刚躺下手机收到一条信息，打开一看是晚安先生发的："晚安"。

没头没脑、莫名其妙，硬币小姐觉得对方很是唐突，就没回复。

早上起床的时候手机上又有一条新信息："早安，今天空气有些凉，记得多添件衣服"。

发件人仍旧是新来的同事——晚安先生。

上班的路上硬币小姐刷社交软件无意看到昨晚晚安先生在朋友圈、微博等地分别发了晚安。虽然没有点名道姓，但是毫无疑问，直指硬币小姐。

硬币小姐有点尴尬，到公司都不知道该以什么表情面对这个突如其来的追求者。硬币小姐到了公司看到自己的工位上放了一只花瓶，里面插了两朵水仙，花瓶旁有一张小卡片，小卡片上面写着：你如同娇艳的水仙一样美丽。

卡片的一旁是一只饭盒、一瓶牛奶。打开饭盒里面是全麦面包片、煎蛋、香肠。

身后忽然传来一个声音："没吃早餐吧，特意给你准备的。"

硬币小姐转头一看是晚安先生。

硬币小姐哪敢吃啊，太来势汹汹了，用一句现在网络上流行的话便是：吓死宝宝了。

晚安先生见硬币小姐干杵着，于是开门见山道："我希望你给我一个机会，也给你自己一个机会，试着接受我，也许你会发现我还不错。"

临下班硬币小姐赶紧溜了，晚上仍旧收到了晚安先生的晚安短信。

硬币小姐特意去翻了一下晚安先生的微博、朋友圈等，与昨天一样，发了"晚安"二字。

硬币小姐不敢接招，还是决定不回复。一个新来的同事如此生猛地追求自己总觉得有点突兀，虽然硬币小姐也时常被同事追求，不过大多比较委婉，没做成恋人的话不至于同事关系也僵得不行。

硬币小姐对晚安先生没什么感觉，充其量就是同事情谊。然而接连三个星期，硬币小姐都会定点收到晚安先生的"晚安"与"早安"。以至于让硬币小姐有个错觉——好像晚安说多了，或者听多了，有一种熟悉的错觉，好像是一个老朋友给你道一声晚安一般。

一连串的晚安就像催眠一样，硬币小姐想是不是要打开心扉试着了解一下他呢？硬币小姐开始了自我怀疑，硬币小姐犹豫了许久回复了他当天的"晚安"。

很快，晚安先生回复了过来："早点休息，女孩子不要熬夜。"

果不其然，这一回复无疑是许可了晚安先生追求自己。白天到了公司，晚安先生把两张电影票放到硬币小姐面前，邀请她去看电影。硬币小姐同意了。晚安先生只是微笑，并没有硬币小姐预料中的欣喜若狂，给人一种好像他早就胸有成竹的样子。

要么他是一个情场老手，要么他是一个性情沉稳的人。硬币小姐这样想。

可是无论从哪一方面看，持续地早安晚安、爱心早餐、水仙花，都说明晚安先生是一个情场老手。

男女约会，电影之前照例是有一顿晚餐。晚安先生带她去了一家日本菜馆。硬币小姐问："你是怎么知道我爱吃日本菜的？"晚安先生如实回答："我翻遍了你的微博，看到很多关于日本菜的内容。"

硬币小姐想，看来晚安先生还是蛮用心的，用心了这么久。

这场约会体验还是很愉快的，看完电影后晚安先生礼貌地送硬币小姐回家，然后离开。

之后又进行过几次约会，硬币小姐发现这个人还是不错的，幽默风趣、有学识、性格与自己挺搭的，就是刚开始追求的动作太迅猛把硬币小姐吓倒了。

硬币小姐跟我讲，下一次约会她决定答应做他的女朋友。

我劝她："三思啊。"

硬币小姐反问："为什么？"

我说："无论从哪个角度看，晚安先生追求你都太有目的性了。"

硬币小姐不甚理解，反问："不应该有目的性吗？他的目的不就是把我追到手做他女朋友吗？"

我摇摇头："他太针对、太步步为营了。当一个男人见到一个女人迅速判断要把她搞到手，多半不是出于多么多么爱她，在一瞬间判断爱情是否来了极其困难，而且爱情是犹豫的，是需要你反复斟酌才能确定的，有时候还需要外界的某些因素来帮你判断——哦，原来我爱他（她）。如果男性在瞬间做出精准的判断，要对你展开攻势，就像捕捉猎物一样，那么基本上受到了动物本性的驱动，一只雄性动物对一只雌性动物的本能，还能有什么？也就能基本地判断，他不是要追求你成为他的伴侣，而是要搞定你成为他的生理伙伴。"

没过多久，硬币小姐口中的"下一次约会"开始了，是一个周末，他们在咖啡馆里浪费了整个懒散的下午，聊了一些无关痛痒的情怀等，然后去吃晚餐，晚餐之后晚安先生提议看场电影吧，正好有一个期待很久的片子凌晨首映，硬币小姐点点头说好。

那场电影非常不适合情侣观看，但是放映厅里依旧坐了很多情侣。电影看完已是午夜两点多了，出了影院站在商场的广场上，晚安先生向硬币小姐真诚表白了，说了一大段感人的话，硬币小姐一时语塞，周围的情侣们也深受气氛感染纷纷鼓励硬币小姐。

最后硬币小姐还是点了一下头。硬币小姐的原话是当时她有点蒙，点头没点头她也记不清了。

反正是晚安先生拉起了硬币小姐的手，顺着一条路一直散步下去。走至路口晚安先生提议很晚了，不如就别回家了，到附近随便找家酒店吧。

硬币小姐瞬间清醒了，然后坚持要回家。

事情以硬币小姐平安到家结束。

后来硬币小姐主动调换了部门，尽量不与晚安先生接触。

当然，从此之后硬币小姐再也没有收到过晚安先生的"晚安"问候。

硬币小姐跟我讲，有时候她无意翻看手机看到晚安先生无数个"晚安"信息后有点哭笑不得；有时候看到这么多"晚安"也想——哦，原来还有一个男人给自己说过这么多这么多的"晚安"。

而硬币小姐也明白了晚安说个不停的意思就是想和你一起睡觉。

〔他把你灌醉，却不为你流泪〕

李茉莉问我什么样的人才是渣男呢？

这个问题很庞杂，大抵不负责任的都能叫作渣男吧，还有很多花式的做法也可以称之为"花式渣男"。譬如，一个人同时拥有三个女朋友，一个是精神交流，一个是亲情，一个是只用来肉体接触。

李茉莉给我讲了一个她遇到的男人。他很优秀，也很成功。优秀体现于他有着很高的素质、涵养、学识；成功体现于他的事业做到了一定的程度，物质生活很丰盈，金钱上更是有着可观的存款。

他不仅底子厚，面子工程也不错，他长得很帅，属于硬派的那种帅气。

没错，表面上看，他是一个好男人、优秀的男人、成功人士，肯定会成为不少姑娘心中的白马王子。

李茉莉也曾经为他倾倒过，不过只是一瞬间的倾倒，仅此而已。因为李茉莉发现了这位优秀先生的一个坏习惯——他特别喜欢把姑娘灌醉，无论是认识的还是不认识的，相熟的还是不相熟的。

李茉莉跟优秀先生是通过工作认识的，优秀先生是李茉莉公司的甲方。那天，李茉莉给优秀先生打电话问他在不在公司，要去给他阐述楼盘的推广方案。优秀先生在外面，就把李茉莉约到了离他最近的餐厅，边吃边聊。

就是这第一次阐述方案，让李茉莉对这个优秀先生一见倾心。当然，只是李茉莉单方面的，因为李茉莉清楚地知道，像这样的钻石男身边肯定不缺女人，尤其是不缺漂亮女人，排队的话李茉莉都排不上号。

优秀先生对李茉莉的推广方案很满意，大肆赞扬了一番，然后互留了联系方式以便进一步沟通。

这个项目李茉莉做了一个多月，完成得还算不错，在这一个多月里李茉莉只见过优秀先生两面，第一面就是阐述方案那次，第二面是推广做完之后优秀先生很满意请李茉莉吃饭。

这顿饭后李茉莉觉得这辈子不会再见到他了吧。

然而生活中充满了惊喜，这事儿两个月之后的一个周末，李茉莉跟朋友在逛街，看上了一条巨贵的长裙，舍不得买，在身上比画来比画去，突然接到优秀先生的电话，问李茉莉今晚有没有时间，能否一起吃个饭。

李茉莉惊呆了，就在李茉莉快要把他忘干净的时候，他又打来了电话邀请共进晚餐。李茉莉说有时间。然后李茉莉听到优秀先生问：“还有几个朋友一起，不知道李小姐介不介意？”

李茉莉当然回复不介意。

其实李茉莉知道，他只是少个女伴，临时想到了她。

放下电话后，李茉莉当即买了手里的那条长裙。朋友惊讶地看着李茉莉：“利落啊，这是接到谁的电话了，让我们家茉莉这么大出血。”

李茉莉知道，这也许是跟优秀先生最后一次吃饭了，打扮得漂亮点给自己点自信。

当晚优秀先生在李茉莉家小区门口接到她，奔向饭局。

包厢里的人不多，三男两女，其中一个人李茉莉还有点印象，是之前合作过的客户。

李茉莉知道自己只是凑数的，所以非常低调，别人劝酒她就象征性地抿一口，不得罪人也不为难自己。

酒和菜下去了一半，气氛变得轻松起来，优秀先生频频敬李茉莉酒，李茉莉也不好推辞。

我认识的李茉莉算是能喝的，堪称豪饮，不逊于男士，所以也能招架得住。但是再怎么能招架也抵挡不住可劲儿灌。

李茉莉喝着喝着忽然明白了，优秀先生摆明了在灌她，而且是照着不省人事的程度灌。

优秀先生也没料到李茉莉这么能喝，到最后大家基本都高了，李茉莉还是清醒的。

饭局结束后大家都走光了，就剩下优秀先生和李茉莉在包厢里喝茶。李茉莉问优秀先生平时也这么灌女孩酒吗？优秀先生回答："喝醉了我不就有机会送你回家了。"

李茉莉问："就不怕别人吐你一身？"

优秀先生说："洗洗就好了。"

李茉莉说："我要是装醉的话肯定故意吐你一身。"

优秀先生说："你要是装醉我就送你回家了。"

最后李茉莉问："你灌醉一个姑娘，是因为喜欢她呢？还是单纯的爱好呢？"

优秀先生只是笑了笑，没有回答。

然后李茉莉站起来要走，优秀先生要送她，李茉莉摆摆手说不必了，她可以打车走。

谁说优秀的男人就不渣了，李茉莉遇到的这位就是十足的优秀有为青年，可他也有渣的一面，无论他什么目的，但凡在酒桌上故意灌醉女孩就好不到哪儿吧。他把你灌醉，肯定不为你流泪。你别指望他把你灌醉后，看看你的酒品，如果酒品不错跟你来一场刻骨铭心的恋爱，负责到底。

也有人说有单纯爱喝酒的，就是想多喝点，大家多喝点，高兴。

好，那我们换一个普遍的角度来讲，但凡不尊重以及不负责的统统可以归到渣男的行列。

比如说一个男生喜欢你、追求你，首先要对你尊重，要对即将展开的感情尊重。他若是用一些非常的手段，灌酒、强迫等，反正是令你不舒服的办法追求你，你绝对不会跟他在一起，这渣得太明显了。

还有负责，比如你们已经在一起了，就要看今后他对你负不负责，敢不敢担当你们的恋爱责任、生活责任和专一责任。谈恋爱不是逛菜市场，你买菜可以看见这个摊位的萝卜一块八，不太新鲜，又看见隔壁摊位的萝卜一块五，特别新鲜，然后你就放下手里的一块八去要那个一块五的。谈恋爱就不能这样了，你选择这份感情应该是深思熟虑的，不能朝秦暮楚朝三暮四的。

那么允许选择更好的吗？当然允许，但还是要建立在互相尊重与负责的基础上。你们的感情如果出现了巨大的危机，最后实在没有办法在一起了，结束后可以去选择更适合你的。但是如果你们的感情一直很稳定，她一直很爱你，你也挺爱她，然后你发现了一个更好的更漂亮的更温柔的，你被她吸引，你不顾一切，你出轨了，这就是不负责任的表现，也是不尊重恋人的表现。

所以说尊重与责任是衡量一个人以及一段感情的必要硬性条件，也是稳定感情的重要因素。

优秀先生两样儿全占——不尊重与不负责。

自那以后李茉莉删掉了对方的电话号码，后来她公司还有跟优秀先生公司的合作项目，李茉莉都推掉了。

渣男神出鬼没，防不胜防，姑娘们必须打起十二分的精神，一旦发觉对方有不轨行为或者不轨意图，一定要离远一点，惹不起还躲不起?何况你压根一点儿都不想招惹渣男。

Chapter 5

姑娘，
他为什么不要你了？

〔谁动了我的手机〕

"你手机里到底有什么？"

"除了娱乐还有秘密。"

以上两句是王姑娘和老苏分手时候的对话。两人在第一次约会的餐厅吃分手饭，王姑娘拿餐巾纸擦了擦嘴问："你手机里到底有什么？"

老苏喝完最后一口酒，回答："除了娱乐还有秘密。"

说完俩人站起来，一前一后走出餐厅分手了。

虽然我们都不愿意看到他们分手，但是谁也阻止不了他们分手。

见惯了太多人的分分合合，深知感情这件事既无能为力又有心无力。

我们都以为，老苏和王姑娘会结婚的，而且是我们这堆儿人里最早修成正果的。但事情总是事与愿违。

你可以说有些分手是注定的，但其实大多数的"注定"都是我们给自己找的借口罢了。

我记得老苏为王姑娘做的最疯狂的一件事就是偷户口簿。那还是大四的时候，王姑娘误以为自己怀孕了，吓坏了，找老苏哭，老苏当机立断，结婚、负责、生孩子和过日子。

王姑娘还是哭个不停，老苏为了让王姑娘有安全感打算把结婚证领了。王姑娘不是本地人，户口调到了学校，找学校拿户口本就行，老苏的户口簿在家，得回家拿，但是他深知老爸的脾气，如果坦白免不了一顿毒打，而且他与王姑娘还有可能鸡飞蛋打，于是决定偷户口本。

老苏周末回家，拎了瓶好酒，盘算着跟老爸喝一顿，套套话。套话的过程中，老苏以找了个实习单位为由需要用到户口本，向老爸打听户口簿放哪里了。

老苏一家都是本地人，知道本地的基本情况。基本上除了事业单位，私企是不需要拿户口簿的，加上老苏紧张以及演技拙劣，被他老爸看出了破绽。

俗话说知子莫若父，他老爸一眼就看出这臭小子有事儿瞒着家里，于是将计就计，告诉了老苏户口簿放在了哪里。

然后他老爸暗中监视，这件事彻底暴露。

最后老苏带着王姑娘回家，接受老爸老妈的"审讯"。

老苏的母亲担心两个小孩弄错，专门带着王姑娘去了一趟医院，查出的结果是王姑娘自己搞错了，并没有怀孕。

可谓是闹了个超级大乌龙事件，也弄得两家都知道了，老苏的父母觉得王姑娘还不错，挺喜欢她的。王姑娘的父母也觉得老苏这小伙子挺爱自己姑娘的，也同意了。

他俩这家长见的，算是最有创意的了。

虽然这个乌龙惊心动魄的，但两人也算是板上钉钉的事儿了，心理还是挺安慰的。

然而就是这么板上钉钉的俩人，分手却因为王姑娘偷看老苏手机彻底拜拜了。

老苏公司里有个前台小姑娘，人长得漂亮笑容美嘴巴也甜，对谁都一口一个哥，就连负责保洁的大叔她都喊哥。

碰上某个节日，老苏公司不休息，王姑娘一个人闲得无聊就到老苏公司玩，顺便喝公司免费的咖啡和饮料。

老苏到电梯口接王姑娘，进公司的时候路过前台，前台小姑娘露出甜美的笑容，然后用甜甜的声音说："苏哥，这是嫂子吧，真漂亮。"

苏哥应了一声，王姑娘点了一下头算是打招呼。

前台小姑娘又说："苏哥，真羡慕你有这么漂亮的女朋友，我要是有嫂子一半漂亮就好了。"

到了老苏的工位上，王姑娘皱着眉头说："哎呦，这两声苏哥叫得牙都倒了。"

老苏说了一句前台嘛她对谁都那样，然后继续工作了。

下班之后，一般前台走得稍微晚一点，老苏和王姑娘再次经过前台，前台小姑娘站起身来说："苏哥慢走，嫂子慢走，嫂子有空常来玩啊。"

出了公司王姑娘说："你们那前台跟古代站二楼挥舞手绢似的。"

老苏累了一天，只当王姑娘是无聊吐槽，然后带她去吃饭了。

自此之后，王姑娘开始怀疑老苏跟前台小姑娘有事儿，因为在那次晚饭的时候王姑娘玩老苏手机在他的微信好友里发现了前台小姑娘，点进去看朋友圈还发现了她晒公司聚会照片，其中一张就是前台小姑娘跟老苏的合影。

然而老苏根本不记得这事儿，谁吃个饭还得记着跟谁拍照了，何况又不是老苏主动照的，就更加没印象了。

那段时间老苏很苦恼，他发现手机经常被女朋友翻个底朝天，他经常是皱着眉头抽着烟跟我说："有的页面她会给我恢复原位，有的不会，也许是忘记了，你说她倒是都给我恢复好啊，别让我发现啊——她最近总是试图跟我聊我公司的事儿，套话的意图太明显了，不是说女人在查男朋友外遇这件事儿上跟福尔摩斯似的吗？我女朋友怎么这么笨呢？"

我问老苏："你怎么办的？"

老苏说："她问我就跟她聊呗，反正我问心无愧，跟她讲公司的事儿、好玩的事儿、倒霉的事儿、无聊的事儿、加班的事儿、奖金的事儿、同事的事儿、女同事的事儿、上司的事儿，还有上司八卦的事儿……她假装听得津津有味，反正最后她会给我绕到公司前台小姑娘身上，问我觉得她怎么样啊？她漂亮吗？觉得她排我们公司第几啊？公司有多少人对她感兴趣啊？问我觉得谁最好看呀……"

我直接摆出最合理最简单的解决建议："你跟王姑娘好好聊聊这件事儿呗，说开了，别让她心里有疙瘩，况且还有这么多朋友当人证呢，保你清白得跟凉白开似的。"

老苏的眉头皱得更紧了，烟抽得更凶了："我说了，可她不相信啊——那天我试探着问她是不是偷看我手机了，她说谎了，面不改色心不跳，一口咬定没有。我说你可以看，别偷着看，正大光明多好，哪怕是你突击检查趁着我上着班你冲过来然后让我交出手机，也没问题。她则表示非常信任我。哎，你说她说这话有意思吗？后来我跟她摊牌，各种发毒誓跟前台没关系，还说有好朋友可以做证，她倒好，不光不信还说咱们是猪朋狗友，最擅长在这种事儿上互相做证了。"

我听了没有多生气，只是笑笑。

老苏又跟我诉苦了一会儿，我忽然反问："你真的跟前台小姑娘没什么吧？"

老苏瞪了我一眼："真想抽你。"

我一看老苏瞪眼以及说这话，放下心来，以这么多年的交情和了解，我知道他这种反应是真清白。

后来老苏仍旧发现自己的手机被王姑娘偷看，不仅是手机，还有私人邮件，甚至是工作邮箱。

长期的信任危机终于触碰到了老苏的怒点，跟王姑娘大吵了一架，王姑娘哭着说："你跟我吵架，你对我吼，你还说你们没什么，你们要是没什么怎么会跟我急呢……"

老苏要崩溃了，真没什么比被冤枉更憋屈的了，他想过不如就真去跟前台小姑娘发生点什么，再被女朋友怀疑，这样心里反而舒服点。

我赶紧制止了老苏的愚蠢行为。

然而女人怀疑起来，如果找不到证实她怀疑的证据是停不下来的，即使她怀疑错了，这件事儿也不容易在她心头消散，仍旧会一直敏感下去或者在某个不经意的瞬间再次怀疑。

老苏开始给手机设密码了，短信也设上，虽然短信内容是我给他发的：不仅工作上沟通重要，情侣之间沟通同样重要。

这次轮到王姑娘抓狂主动爆发了："还说你们没什么，没什么手机为什么设密码？还有短信，有什么见不得人的？"

老苏坐在沙发上冷静地看着王姑娘，告诉她密码是她生日。然后王姑娘解开锁，迅速地翻了一遍，把手机砸在老苏身上，说："删得挺干净的。"

老苏说：也许我换一份工作就好了，可是，为了一件莫须有的事儿，代价有点大啊。

最后老苏还是从公司辞职了，辞职的当天，他也提出了跟王姑娘分手。王姑娘最近也被这事儿搞得很疲惫，她觉得两人之间已经不存在爱情了，便同意了。

俩人约在第一次约会的餐厅吃完分手饭，王姑娘拿餐巾纸擦了擦嘴问："你手机里到底有什么？"

老苏喝完最后一口酒，回答："除了娱乐还有秘密。"

说完俩人站起来，一前一后走出餐厅分手了。

老苏想既然都要分手了，那就让她心里舒服一点吧，骗她说手机里真的有秘密。

这次王姑娘得到了她想要的答案——秘密，反而安静了，没有再追问，安静地分手了，心里也没结了。

一段感情，如果没有了信任，那支撑起来的东西也会随着信任的消失而变得脆弱。

一段感情，如果没有私人空间，那么也会让人窒息。

感情里的因素太微妙了，一环扣一环，只要其中一样缺失，整条链就会断掉。

给我们的爱一点信任，哪怕只有一点，也不至于无可挽回，也给我们的爱一点空间，自由自在地呼吸，不至于身心疲惫而放弃这段感情。

未来你希望他一直都在，他也想一直陪着你，还有比这更美好的事情吗？就像《致橡树》里面写的：我必须是你近旁的一株木棉，作为树的形象和你站在一起。根，紧握在地下；叶，相触在云里。

　　多么恰到好处的距离，彼此既有空间又亲密无间。

〔爱情不是
一场巨额交易〕

　　我接到一个电话，是大刘，认识了很久的朋友，只不过不常联系。他告诉我要结婚了，我连声恭喜后他邀请我去参加后天的单身夜派对。

　　一般的集体活动我是很乐意参加的，因为可以见到各种各样的人，以及他们各种各样的状态，最有意思的是偷听他们谈话。更何况这是一个准新郎的单身夜派对，所以，我非常爽快地答应了。

　　我把手头的事情加班处理完，准备赴约。

　　令我失望的是大刘的单身夜派对真的都是一群单身的人，而且都是男人。不知道的人还以为这举办的是"双十一"光棍节手拉手互助活动呢！

　　七八个大老爷们挤在大刘的公寓里，啤酒人手一瓶，但是脸上并无喜色，反而愁容惨淡，尤其是大刘脸上，丝毫没有要做新郎的喜悦幸福感。

　　大刘互相介绍后，大家很快熟络起来，因为大部分人之前就打过照面。

　　然后就是一群人喝闷酒，有时候有人聊一句，有人就附和一句，然后又是沉闷，就这么断断续续地聊着天，持续喝着酒。

　　我心中很是苦闷，这是什么情况？本来以为有美酒美女和美事呢，现在可谓是血淋淋的现实。

大刘告诉我，其实今天这气氛全赖他自己，本来大家来都挺高兴的，后来又聊起他结婚的事儿，他们结合自己的情况设身处地地联想，然后都郁闷了。

我来得稍微晚一点，没理解。

我心里想，结婚是好事儿啊，大喜事儿，怎么还有被大喜事儿搅和得了情绪的事儿呢，着实不解，一脸求知相问大刘。

大刘站起身来走到阳台上吹冷风，我也起身跟过去。

大刘的情路坎坷，终于到了结婚的这一步，大刘感慨总算熬过来了，没想到却面临着更大的坎儿。

小飞是大刘谈了将近四年的女朋友，从大三到现在。

按照这个时间段算，他们结婚是比较适宜的，大学期间谈了两年校园恋爱，青春也都体验了，然后毕业工作两年，共同经历得更多了，成长得更多，也倍加懂得珍惜了。

当然，这一切都是我作为一个局外人的观察，然而局外人的结论大多数对于当事人来说简直是"狗屁"。大刘还文绉绉地引用了《安娜·卡列尼娜》里的一句话：幸福的家庭（人）都是相似的，不幸的家庭（人）各有各的不幸。

大刘在这段感情里很拼，很累。说白了，就是努力赚钱。因为小飞家的经济情况挺好的，大刘觉得自己有点高攀，为了更配得上她，只能拼。

小飞觉得大刘踏实肯干有上进心挺好的，就这样一路陪伴一路鼓励。

大刘告诉我，小飞的鼓励就像给他背上压上了一块巨石，根本直不起腰，喘不过来气。在一起那么久肯定谈过婚论过嫁，小飞的条件是有车有房，房子还必须是全款，不是全款不嫁的。所以，每次小飞鼓励大刘的时候大致是这样的：加油啊，努力啊，挺住啊，为了房子为了我，是不是很有动力？

可是每当大刘听到小飞这样鼓励的时候脑袋里会自动跳出最近的房价，硕大的数字在他的脑袋里横冲直撞，撞得他神经疼。

大刘家境一般，有心也出不了多大的力。大刘有心攒钱，可是平时小飞的花销比较大，费了牛劲也没攒下一个比较大的数目，别说距离房子的目标有多远了，光距离一辆普通的车都差着十万八千里。

大刘跟小飞正经谈过这件事儿，摆出了自己的态度以及难处。小飞也不是不通情达理的人，把要求降低了一些，房子可以不用全款，付个首付即可，未来两人再一块还贷，至于车子，以后用的时候再说。

大刘差点感激涕零，用力抱着小飞说不出话来。

经过多年的努力，再加上家里的资助，花了将近30万元付了一套房子的首付，也见了双方家长，终于熬到了结婚的节骨眼上。

只要一用到"节骨眼"这个词，基本上都是要出问题的。大刘面临的问题是彩礼钱。未来丈母娘要价15万元，这个价钱基本上算是小飞那里的平均彩礼了，谁嫁女儿不希望有面子，嫁个好人家。

大刘家里的钱几乎都用来购房了，多年的积蓄也殆尽了，这个数目几乎等同天文数字。

大刘开始做小飞的工作，也为这事儿两人吵过的架不低于二十次。秉着结婚两个家庭都高兴舒服的原则，彩礼最终降到了10万元。

未来丈母娘也同意了，表态说只要小飞没意见小飞高兴就行，多少无所谓。但是大刘听得出来未来丈母娘的语气并不高兴。

除去彩礼，办婚礼的钱也不是小数目。最后大刘家把县里的房子卖掉了，大刘的父母搬回村子住，这样彩礼钱和婚礼钱都有了，而且是凑足了15万元彩礼。

这样，女方家高兴了。小飞大肆赞扬大刘是个男人。

然而大刘并没有告诉他家卖房这事儿。

在卖房之前，本来大刘想找小飞沟通的，因为最后那套房子终究是要留给他俩的，现在卖肯定是不划算，但是大刘清楚小飞那边要的就是一个面子，最后放弃了。

大刘讲完我拍了拍他的肩膀，并没有劝说什么，也没有评判大刘与小飞谁对谁错。爱情的事，尤其是到了结婚那一步，根本就是弄不清楚的，早随着我们的生活糅成了一团乱麻，我们被缠绕在里面，逃不出来。如果要逃，只能快刀斩断，承受伤害。只能说，有的乱麻里面的场景是幸福的；有的乱麻里面的情景是相对幸福的；有的乱麻里面的情景是有苦说不出的。

男人最不能接受的就是把一场爱情搞得像一场交易一样，我记得之前有人聚在一起聊天，说起老家的事儿，说老家现在结婚就是在卖女儿，张口礼金就是上十万元、几十万元，弄得老家的人都不敢娶妻。

放置在大城市中，就算是说得再好听，包装得再好看，也是"卖女儿"的升级版。

当然，这样说有点极端，这只是站在男人的角度上对这种事情的一种普遍看法。这样真的会把人吓跑的，光想想就胆寒。

我想，大家都是希望爱情是平等的、有尊严的。

我回头望了一下屋内的情况，有的人喝多了已经躺在沙发上鼾声四起，有的人望着手里的酒瓶发呆，不禁感叹门当户对多么重要。

记得前段时间刚刚参加了一场朋友的婚礼，他们来自差不多的城市，双方的家庭收入差不多，两个人的成长轨迹差不多，成长高度也差不多，然后相识相恋到结婚。

他们的婚礼现场非常简单，就在一家普通的酒店里摆了几桌子，没有司仪也没有华丽的形式。新郎讲述自己的爱情，并且非常感谢遇到对方，然后携手新娘敬酒，直至婚礼结束。

虽然桌子上的菜很普通，但是我们都觉得格外舒服。

身边还有许许多多的人，他们结婚了但是仍然租房住，他们都过得很幸福，慢慢积累着买一套自己的小窝，而不是一次性榨干，让人陷入两难境地。

而有的姑娘在恋爱没有谈之前就罗列了一堆条件，必须有什么有什么有什么，给人的感觉好像她不在乎即将恋爱的对象是什么样的，只要满足她的条件就可以了。

额外的物质似乎盖过了爱情本身的意义。**如果门当户对，白富美嫁高富帅，平民阶层与平民阶层手拉手是没有问题的，起码不会被额外的物质条件所框住。但是如果平民阶层选择了一个平民阶层，却一心想要豪门阶层的场面，那就要出大问题了。还有梦想嫁入豪门的，你以为富豪的大门是为平民打开的吗？豪门永远对豪门敞开，你连窗户都够不到。**

其实我们都清楚，物以类聚人以群分，什么层面的人跟同样层面的人在一起才高兴，我们谈个恋爱不就是为了高兴吗？一大堆的矛盾和麻烦充斥在你和他之间，当初为了什么呢？

把爱情变成一场巨额交易，如同给人心里压一块石头、脖子上架把刀、脚腕上拴锁链，而作为施压一方的你的心里也是不舒服的，也许会想：为什么我就这一点要求他就满足不了呢。

你只看到别人的光鲜，却没有看到不对等关系。

我之前在一篇文章中写道：到头来，我们终究讲的是门当户对。也许我们有着各种各样的需求，我们努力逾越鸿沟，只为满足欲望。我们得到了也失去了，到头来才发现，应该。属于我们的一直都在我们身边，不应该属于我们的，兜兜转转又失去了。最适合你的才是最舒适的生活状态，无论是伴侣还是人生。

爱情不是一场巨额交易，我们也不会忘记我们当初在一起只是因为爱情。

〔 "作"
根本不需要天赋 〕

好像一提起"作"这个字，我们脑海里就会出现一个女生的形象。这样说不绝对，那么我换一种绝对的说法——一提到"作"这个字，恋爱中的男人都会想到自己的女朋友。

是的，就是这样，在恋爱中，女孩特别能作。

她们作起来炉火纯青、花样百出，好像天生就会，而且不需要任何天赋。

深夜写稿写得很疲惫的我，打开网页看剧，视频网站有个功能可以显示好友也正在看此剧，我瞅了一眼时间，已经是凌晨四点多了，简先生竟然还没有睡，况且明天也不是周末，他应该上班的吧。

我发消息过去问他还没睡？

很快，简先生回了过来："跟女朋友打完电话就睡不着了。"

我说："你们每天见还相思呢？"

他说："不是相思，是想死。"

原来刚才的电话内容是女朋友的三个问题：

如果你前女友回来找你，你会跟她和好吗？

你跟你前女友发生过什么刻骨铭心的故事吗?

你觉得你前女友哪一刻最美?

本来两人打电话在聊一些琐事,突然女朋友就问他这样的问题,并且一再强调聊天嘛,随便聊聊。简先生深知这是一个坑,很深很深的坑,掉下去就万劫不复。简先生非常肯定地回答:"不会!没有!丑!"

女朋友不满意,继续往轻松聊天说笑的方向引导,简先生一不留神一只脚迈了进去。

第一个问题简先生是这样回答的:"照理说应该是不会的,毕竟是分手了,感情已经破灭了,而且现在咱俩的感情又这么稳定。"

女朋友一听,"哎呦喂,应该不会,那就是有会和好的可能性喽。"然后继续以轻松说笑的语气引导简先生:"如果有一天咱们闹掰了,你再次遇到你前女友,前女友比之前更迷人更有气质了,而且她依旧对你一片痴情,这些年一直等着你回心转意,你会同意跟她和好然后甩掉我吗?"

简先生一听前女友这么痴情,而且更漂亮了,以及女朋友丝毫不在意的样子,简先生想情侣之间聊天聊多了必定会没话找话没趣找乐子,那就满足一下女朋友,一起乐一乐,于是说:"那断然不行,要跟前女友好也得先跟你分手后才好,咱们还好着呢那肯定不能好,是吧。如果是咱们事先已经分手了,我再次遇见更加迷人的前女友,那估计就好了,毕竟也不能辜负人家对我的一片痴情嘛。"

女朋友一听心里先给简先生记下一笔:哼,你就是还心系前女友呢。

女朋友接着问第二个问题,依旧是用欢快的语气。

简先生是这么回答的:"也没啥,就是一起躲个雨啥的,当年周杰伦的那首歌特别火，最美的不是下雨天，是曾与你躲过雨的屋檐，就是特别应景，其实也没什么。"

女朋友心想，还挺浪漫，于是说："你怎么没跟我一起躲过雨啊，改天咱俩也一起浪漫一个呗。"

简先生说："现在出门不都看一眼天气预报提前带伞啊，躲雨哪浪漫了，那不是年少轻狂嘛，你想想刚下班外面下雨了，一群人堵门口，浪漫吗？"

女朋友又给简先生记上一笔：哼，你跟她就叫浪漫，到我这儿把浪漫扔得一干二净，乞求一次浪漫还遭吐槽。

第三个问题简先生这样说："你也见过她照片，一点都不漂亮，就是一般人，非得说她哪一刻最漂亮的话，那就是她的背影吧。"

简先生回答完心里一乐，觉得这个回答特别巧妙，第一没有正面回答，第二说背影漂亮的意思就是脸丑，侧面夸赞了女朋友。

可是，这些话给女朋友听着就不是那个意思了。女朋友的心理活动是这样的：嘿，从没主动夸过我什么时候最漂亮，气死我了。

这三个问题一聊完，简先生还为自己的机智回答沾沾自喜呢，忽然听到电话里女朋友发火了："哼，简××，我就知道你心里还惦记着她，这下你满足了吧，我帮你回忆了你们在一起的时候的美好画面，还有难忘的故事，感谢我吧，明天别见我。"

啪，挂了电话。简先生再打过去女朋友已经关机了。

这下该轮到简先生忐忑了。

简先生跟我抱怨："本来不可能的事儿，女朋友非得引导成一些可能的假设，自己生一肚子气，你说这是不是吃饱了撑的？你说女人怎么都这么作啊？"

为了安慰简先生，让他知道她女朋友不是最作的，我给他讲了另一个朋友的故事。

这个朋友是程序员，他女朋友经常莫名其妙地发脾气。有一次玩电脑，打开了无数个网页下载韩剧，下完之后找不到下载完的剧集了，瞬间就怒了，开始发脾气，砸键盘，这不是最严重的，最严重的一次是把电脑砸了，还好没有弄坏硬盘，不然朋友里面的宝贝程序就废了。

还有一次，朋友接了一个大活，在家加班了很多天，心里想着赶紧干完买个礼物补偿一下女朋友。可是女朋友等不及了，几次打电话要男朋友出来玩，男朋友都拒绝了，写到关键之处电话响了，他干脆不去接，按下静音。

最后女朋友冲到了他家里，咆哮着："每天写代码写代码写代码，每次给你打电话都是写代码，你代码永远写不完，你的心思全在代码上，你去跟代码谈恋爱吧。"

朋友写到最后一步了，说："稍等一下，马上就好。"

女朋友一听，情绪瞬间爆炸了，拿起桌子上的一整杯水，浇到他头上，水顺势流到电脑上，"滋滋"冒烟了，朋友双手抓头大喊：完蛋了。然后不管头上身上的水，以及旁边怒火冲天的女朋友赶紧救电脑，然而还是没有救下来，里面的东西全烧掉了。

当然，所有的问题都不能全算在女方身上，但是经常莫名发火是朋友特别头疼的一件事，就像她下载剧集把电脑砸了那件事儿；她浇水这件事儿只是比较严重的一次罢了。

然而朋友面对女朋友的"作"也无能为力，毕竟让一个标准的理工男以一个情圣的方式处理问题太难了。

我记得以前就阐述过女生在恋爱里为什么作的问题，是因为作起来可以获得更多的关心关爱关怀，而她们渴望更多的爱。

小作怡情，大作伤身——平时无聊小小地作一下调剂生活也是可以的，挑逗一下男方，调和一下感情；可是三天两头作个没完或者不作则已一作惊人那就不乐观了，轻则造成两人关系紧张，重则曲终人散一刀两断，此情只待成追忆，只是当时已惘然。

作，可以让人获得更多的在乎与爱，所以女生要善于利用"作"这一项天赋本领，比如跟撒娇结合起来一起使用。

作，需要看周围环境以及对方状态的，如果两人处在一个私密的环境，两人身心愉悦，可以作一下下；如果对方正在为一件很头疼的事情烦恼或者两人在一个公共场合，最好收一收，不然事态极有可能向你希望的相反方向发展。

无底线无节制无理取闹的作最为严重，会让你成为他心中的恶魔。

〔**男人真的痛恨**
女人所谓的安全感〕

安全感，是女性朋友使用的高频词。女性特想要这个东西，好像没有这个东西干什么都不踏实，充满着恐惧与焦虑，甚至能影响到正常生活。

但是这个东西看不到摸不着，一点也不具体，更确切地说它不是个东西，界定起来很麻烦很烦琐，所以在女人高呼"我要安全感"的时候经常把男人搞得焦头烂额（我猜测女生很早很早之前就接触到这个词，譬如在青春期偷看了几本言情小说，于是模模糊糊地把"安全感"这个词装进脑子里，日后她们有了这个"感觉"就会把"安全感"这个词翻出来，作为一生的标杆。但是在男人的观念里，"安全感"这个东西一直都是跟自己没什么关系的。无论是青春期还是三十而立，即使男人关心与之沾边的情绪也不过是成熟之后希望"安定"的这个概念，虽然概念类似，但是他们绝不会把这个概念称为"安全感"）。所以，男人很痛恨这个所谓的"安全感"，他们根本不明白这究竟是个什么东西。

安全感总是与情感混合在一起的，就像两种不同的化学药剂，会产生诸多反应，发光、发热、变色、沉淀、氧化、分解、还原、聚合……

朋友小汤不止一次向我吐槽过他女朋友关于安全感对他的种种折磨。

一次小汤的老同学（女同学）路过他所在的城市，想起小汤在这座城市混得风生水起本着好久不见的名义约吃饭。

小汤告诉女朋友周末不能陪她了，要去赴老同学的约。女朋友心里肯定是失落的，就随口说了一句："女同学吧，看你都迫不及待了。"

小汤承认是女同学。这下女朋友心里更加不好受了，酸溜溜地说："肯定特漂亮吧？比我漂亮吗？"

小汤知道女朋友这是吃醋了，任哪个姑娘也不能舒服地忍受男朋友周末抛弃自己去约见女同学。但是小汤心中坦荡问心无愧，拍着胸脯保证绝对纯洁，若不信可以一起去啊。

女朋友生怕小汤反悔说了一连串的"好好好好好……"跟烫着舌头似的。

小汤无奈地告诉老同学，女朋友也去。

三人相约于餐厅，点了一桌好吃的，老同学还点了几样小汤爱吃的菜。女朋友一看这还了得，这是了解男朋友啊，说是三四年没见了，还记得他爱吃什么，这是有心眼啊，得防备。

小汤与老同学好久不见，相谈甚欢，默契十足，上学时候的趣事层出不穷，女朋友边吃边觉得自己多余，也觉得小汤久违般地高兴，似乎比跟自己在一起还要高兴。

回到家后女朋友忍不住了，就问小汤跟老同学是什么关系。小汤百般强调就是同学关系，纯洁的同学关系，让女朋友别乱想。女朋友不信，继续逼问，然后问急了小汤有点怒火中烧，女朋友立刻哭哭啼啼："你看，你冲我吼，我就知道有关系。"

小汤使出浑身解数终于把女朋友哄高兴了，然后又听到女朋友的问句："我问你，我跟她谁更好谁更漂亮谁更贤惠你更喜欢谁？"

小汤竖起三根手指："当然是你啊，你是我女朋友啊，肯定是你啊。"

可是这句话在女朋友听来是那么"敷衍"。

女朋友说："小汤，你这样让我很没有安全感。"

小汤无奈了："我说的都是真的。"

最后这件事以双方冷场收场。由于女朋友的安全感急剧降低，双方的"不友好"阶段持续了很长一段时间。

这件事，对两个人都是一种折磨。女朋友觉得男朋友让自己很没有安全感，小汤觉得不就是见个老同学一起吃个饭吗？总计不到两个小时，怎么就跟安全感扯上关系了，有半毛钱关系吗？还有，安全感究竟是个什么鬼？且本来一段纯洁的同学关系让女朋友越描越黑。

还有一次，是因为小汤事业的上升，进入了一个更高的圈子里。小汤女朋友认为小汤跟她一直是同步的，属于共同成长类型的。忽然一天，小汤抓住了某个机遇，瞬间蹿出了几千米，把女朋友远远落在了后面，本来女朋友觉得他们的成长轨迹是一致的（这在爱情成长过程中是非常重要的一点），但是小汤的身边忽然出现了好多好多更优秀的人，她感觉要失去他了，他即将遇到更优秀的人要离开了。

女朋友的担心在小汤看来完全是可笑的，可是对于女朋友自身来说却是非常焦虑的。小汤各种哄她、安慰她，想方设法给她带来安全感，但他在这段时间里被折磨得够呛。

小汤夸张地说：只剩半条命了。

大多数男人不懂女人的安全感就像大多数女人不理解男人为什么那么爱玩游戏。

说了这么多，安全感究竟是个什么东西呢？说白了，它只是一种心理需求，而心理需求是复杂的，我们又不甚了解自己，只是口口相传"我要安全感"，这个口号又击中了你内心深处，于是你也高呼"我要安全感"。

现在而言，我们安全感基本来自四个方面——情感、物质、生活和WiFi。

第一，情感上的缺失、背叛、分手等，或者你担心、怀疑你深爱的人即将离开你都会没有安全感。

第二，物质上充裕，能赚满足自己开销的钱，有存款，身体健康等都会让你巨安心。

第三，生活上，譬如公司有很多福利、保险，住的房子干净舒适，周围有很多便民设施，交通方便，有大商场和公安局就更棒了，如果那套房子是你自己的那就再好不过了。

以上三个方面多针对女人，而男人则会经常忽略安全感的问题。

第四，如果没有WiFi，哪怕是一两个小时，那整个人都不好了，这点男女通用。

如果你男朋友还是不理解，就直接把这四个方面拿给他看，并且背诵全文。

友情提示：男朋友因为爱你去试着理解、解读你所需的安全感并学习着去给予，你也要理解男人很难搞懂你微妙的安全感，以及无章法可循的莫名情绪，你也尽量不要总拿"安全感"说事儿，男人真的很痛恨（不理解），出现问题沟通才是最好的解决方式，不要因为安全感的暂时丢失而把事情弄到可控范围外，有什么能比互相爱着还重要呢？

〔你是我不洗头
也能见的男人〕

有一个同行朋友，最近失恋了。她非常慷慨地向我提供了素材，无私奉献的精神特别令人感动。

当艾丽告诉我她被分手的理由是不洗头的时候，我也有点震惊。

艾丽基本上都窝在家里写稿子，不写的时候就追剧以及看漫画，属于特别宅的那种人。我们会经常性地出来聚聚，以防在家里发霉，但每次叫她的时候都会这么说：懒得出去、看剧呢、不想动、好远、还没睡醒、算了，诸如此类的理由。

如果有幸请她出山，基本上都得等上她一个多小时，她理直气壮的理由便是：好不容易出来一次，得梳妆打扮一番。

艾丽有个男朋友，谈了快一年了，是她在朋友的咖啡馆做活动时认识的。朋友的咖啡馆每周举办一次小活动，请来艾丽分享故事。当天人不是太多，十二三个，围坐在一起，一人一杯喝的，艾丽讲了一个爱情故事，有点悲凉。讲完之后又依托于故事说了几句道理，大家受益匪浅，这期活动就算圆满结束了。

结束后有一个男生主动给艾丽留了号码，他是传媒行业的，也能聊到一起。后来，男生就成了艾丽的男朋友。

在一起之后一切都挺好的，工作日他该上班上班，艾丽该写稿写稿，周末的时候进行常规的约会，不过艾丽很宅，所以大多数的约会都是在艾丽家进行的。

艾丽会做菜，且做得一手好菜，还会用烤箱烘焙各种样式的蛋糕、饼干、华夫饼等。他们之间的感情似乎多半是用食物维系的。看来艾丽已经彻底地贯彻了前辈的教导——"要想拴住男人的心，首先拴住男人的胃"。

厨房可以给一个女人加分，但是卧室绝对可以给一个女人减分。

据艾丽的男朋友透露，艾丽的卧室简直可以用"惨不忍睹"形容，衣服扔得到处都是，衬衫和裙子都不挂起来，就那么团在一起；衣柜里也乱糟糟的，什么东西都有，眼线笔、各种霜、纸巾、蚊香片、首饰等，跟衣服搅和在一起，找一件衣服得翻个底朝天，还不见得能找到；袜子丢得东一只西一只的，经常是只能找到一只，另一只根本就找不到，就像自己长了腿跑掉一样；重中之重是大多数都是不洗的，衣服袜子鞋子轮着穿，也看不出哪一件特别脏哪一件特别干净。

我能想象得到艾丽男朋友描述的画面，就像上大学的时候帮女同学搬东西，有幸进到女生宿舍，根本就下不了脚，屋子里挂满了乱七八糟的东西，桌子上是剩了几天的饼和各种零食。

那时候我就十分肯定，百分之六七十的男生宿舍都比女生宿舍要整洁。

当然修炼到艾丽这等功力可不简单，首先要得益于她是自由职业，整体宅在家里，基本一套睡衣、一双拖鞋就搞定了所有的日常。

艾丽懒，我们都是知道的，但是不知道艾丽能懒到这种程度，可以几天不洗头、不好好洗脸。

据艾丽男朋友吐槽艾丽的纪录是八天不洗头。她男朋友说这话的时候五官是拧到一起的。

他说过艾丽，最起码两天洗一次头。艾丽是这样说的："你是我不洗头也能见的男人。"

我想艾丽男朋友心中的潜台词一定是："我宁愿做你洗头才能见的男人。"

艾丽男朋友看来也是真爱，每周都到艾丽那里帮她彻彻底底收拾一次。她男朋友前脚走，艾丽后脚就祸害了，整洁面貌连几个小时都维持不了。

每当她男朋友拎着一袋子好吃的，带着喜悦的心情过去，一进门，看到沙发上一团乱麻的场景，瞬间，好心情就没了一半。

每当俩人情到深处想亲近一下的时候，她男朋友会被她的油头吸引走全部的注意力，瞬间，所有火辣的设想都冰到了零点。

艾丽男朋友只有一点要求，非常的简单，不管她爱不爱收拾家务，只求俩人约会的时候，无论在家里还是在外面，能把头洗一下。

艾丽答应了，并且坚持了一段时间，那段时间艾丽男朋友的感觉像是回到了刚开始谈恋爱那会儿，怦然心动，整个世界都是牛奶味儿。

然而好景不长，艾丽并没有坚持多久，仅仅一个月，艾丽又恢复了骨灰级宅女，不洗漱不吃饭窝在被窝里抱着薯片看一整天的剧。

男朋友又跟艾丽讨论过这个问题，仍旧被艾丽那句话给堵死了——你是我不洗头也能见的男人。

那次，她男朋友把他心中潜台词大声地说了出来："我宁愿做你洗头才能见的男人。"

艾丽也喊："你爱我的内心还是爱我的外表？"

艾丽男朋友说："这无关你的内在美外在美，这关系到我是否还要跟你在一起。"

艾丽蒙了，问："你要跟我分手？"

艾丽男朋友想了一会儿说："是的。"

艾丽不可思议地问："你竟然因为我不爱洗头就要跟我分手。"

艾丽男朋友毫不犹豫地回答："是的。"

就这么分手了。

艾丽跑到我这里来质问我："你们男人是不是都有精神病？怎么都这么浑？我问你，你会因为我不爱洗头就跟我绝交吗？"

我摆摆手说："不至于。"

艾丽说："还是的，就因为我不爱洗头跟我分手了，有这么大罪过吗？"

我回忆了一下艾丽男朋友描述的场景，手指插进她的头发里，一捋而过，手指从头发末端出来，都能直接反射太阳光了。

我知道艾丽的形象并不都是邋遢的，在外人面前她还是挺优雅的，她只是把男朋友当成了亲密的人，亲密的人可以看到自己的另一面、生活中最真实的一面。

我问艾丽有没有想过其实恋人需要更谨慎、细心地对待？**因为你在乎他比在乎外人更多，你珍惜他比珍惜外人更多。并没有批判懒人多糟糕，相反，世界主要是由懒人改变的，只是想说爱情不能懒，不能懒得沟通、不能懒得见面、不能懒得不梳妆打扮。一旦懒了，它就有可能溜走。**

姑娘，打扮一下自己，不是为别的，是为了自己的卫生，更是为了对你们感情的尊重，对恋人的尊重。

这真的是一个尊重的问题。如果你男朋友是一个邋遢的人，约会的时候他穿着人字拖、大裤衩、胡子拉碴、蓬头垢面就来了，你愿意吗？你是不是觉得他不拿你当回事儿？

反之，你为什么要这样对他？你这样对他的时候，一旦你发现他有一个皱眉动作、嫌弃的表情你便觉得他对你不是真爱。

你觉得"你是我不洗头也能见的男人"是给他的特权、恩赐，那么他跟你说"你是我不刮胡子、不洗澡、不洗脚也能见的女人"，你觉得是恩赐吗？

姑娘，因不洗头而分手的话，你真的不冤，也没理由抱怨。

〔最怕 你说如果〕

　　无论人是多么高级的一种动物，在表达感情方面总有一些人是不擅长。一般情况而言，男性的比例要大于女性的比例。这一部分男性有一些可爱的称呼：木头、笨蛋、猪头，等等。大抵是因为女性天生对感情有着超乎寻常的敏感程度吧。

　　可是有时候我们觉得在女人面前可以游刃有余地表达出我们的情感，表达出如何如何花式爱对方，表达出爱对方的程度等，我们满心欢喜地以为只要把我们对情感的忠贞以及热忱百分百呈现，对方就肯定会被感动。然而并没有什么用，当遇到女人某些奇妙的问题时，我们可爱且可怜的男性同胞们瞬间如临大敌，且溃不成军。

　　我的死党黄先生，最近跟我讲，他遇到了大麻烦——来自女朋友的某个问题。

　　他是在某天上班的下午偷偷跑出来的，我到黄先生公司附近找他一起喝下午茶。黄先生的原话是这样的："我遇到大麻烦了，我觉得我这么多年的中文以及逻辑思维都白学了，这么跟你讲吧，最近我都开始怀疑为什么要谈恋爱？人为什么要谈恋爱？男人和女人为什么就非要在一起？就不能好好的和平相处吗？我们到底是为了什么？为了追求看不见摸不着根本就不存在的'爱情'这个东西头破血流？……"

黄先生是我认识的男性朋友里脾气最温和的人，从小到大二十多年的友谊我还真没见过他生一次气，就连他情窦初开的年纪被班里的一个女孩戏耍都没生气，今天他一反常态倒是很稀奇。

我以为他遇上了这辈子最让他绷不住的坏事，从他刚才的愤慨吐槽中可以隐约感觉到，大抵是跟女朋友有关。

我惊恐地看着黄先生，战战兢兢地问是不是女朋友给他带了顶绿帽子。

黄先生同样震惊地看着我，战战兢兢地回答："怎么可能，我们的爱情多么坚贞不渝，你怎么会有这种奇怪的想法……"

我又问："那你感情里出什么事儿了？"

黄先生叹了口气，忧伤地看着落地窗说："最近女朋友总是问我问题，现在我一听到'如果'两个字就直接崩溃。"

黄先生只谈过两次恋爱，第一次在高中，败在了班主任手里。第二次在大学，也就是现在的女朋友，好了四年之久了。

黄先生的女朋友也比较有意思，由于黄先生的脾气非常好，在一起两个人没有任何的波澜或者来自感情以外的挑衅，黄先生的手机里没有任何小姑娘的暧昧信息，于是黄先生的女朋友就很无聊，看着别的情侣打得水深火热心里痒痒，就挖黄先生的情史，无奈黄先生的情史过于简单，挖三百遍还是同样的，淡淡的、无关痛痒的一段不知道能不能称为爱情的恋爱。

黄先生的女朋友的问题大多是这样的：

如果有一个会做各种小吃、长相一般的姑娘和一个只会黑暗料理，但是特别漂亮的姑娘都喜欢你要嫁给你要给你生猴子，你选谁？

如果你在认识你前女友之前她是一个比较完美的人，没有你们当初恋爱时候的那些小毛病、缺点以及你们之间的矛盾，你会不会考虑娶她？

如果你前女友什么都好，知书达理、贤惠、烧一手好菜、有钱、身材好，也变得更漂亮了，现在让你在我们之间挑一个你选谁？

如果我的脸与你前女友的脸对调，你选谁？

我当时没有细细品味这些问题里面的陷阱以及问题的复杂程度脱口而出："当然是不管三七二十一选现女友啊。"

黄先生苦着一张脸向我说他就是这么选的，然后被女朋友一通挖苦以及斥责他不走心。

然而黄先生打算认真回答且变相示爱的时候卡在了第二个问题上，黄先生真诚地回答："当然不会考虑娶她，我一直找你、找你、找你、找你……"

他女朋友是这种反应，咆哮状："那你当初还跟她好？你怎么这么不负责任？我真是瞎了眼，不知道你会不会这样对我把我无情抛弃……"

当时黄先生几乎快疯了，他想逃避这些问题，然而越是逃避越是被女朋友揪住继续"拷问"，问题层出不穷、五花八门。

本来心中坦荡，这一逃避充满陷阱的问题反而让女朋友觉得黄先生以前有事儿似的。

真是招谁惹谁了？黄先生坐在我的面前苦不堪言。

这些类似的问题对于男性同胞来说简直就是一个大杀器，根本无法破解。比如最后一个问题"如果我的脸与你前女友的脸对调你选谁？"

选谁？选谁？选谁？

怎么选？

根本就不能做出这个选择。

这个问题还可以无限拓展：如果我的脸与你们公司前台的脸对调，你选谁？如果我的脸与你高中女同桌的脸对调，你选谁？如果我的脸……

是吧。无从下嘴。

真是太可怕了，我听完黄先生的讲述，心中都有些胆寒，我想以后冷不丁听到女朋友说"如果"这两个字我也会瞬间紧张、战栗、屏住呼吸的吧。

这些问题无论怎么回答都不是完美答案，甚至在对方听来都不能及格。然而这些问题在恋爱中肯定会发生，所以姑娘高抬贵手吧，你明知道他对你的感情那么真切，为什么还要为难他呢？一旦过火，你会把爱你的男人吓跑的。

这次，我也要说如果——如果某一天，你男朋友被这些终极问题吓跑了，碰巧他遇上了前女友，俩人聊了几句，甚至重归于好，那你会怎样说？

"哼，我说对了吧，我就知道你还是喜欢前女友的。"还是"如果再给我一次机会，我一定不会问那么多如果。"

爱情中，我们都互相允许彼此对爱情的考验，也许是日积月累的细节，也许是某次真诚的谈话与问答。

千万不要把考验或者是调情，升级为某种折磨。对谁都不好。

最后跟黄先生商议了一些不知有效无效的解决方案——当再遇到女朋友问某些莫名其妙的、会对感情地基造成破坏的问题的时候，你可以岔开话题，比如说：亲爱的，你还记得上次看上的那款包包吗？我已经给你买了，正在快递的路上。

〔费尽心思过节的
往往不是真爱〕

节日对于一个女孩来讲非常重要，尤其是情人节、生日、恋爱纪念日等。

那么，节日究竟对于一个女孩来讲有多重要呢？

落落说特别重要，那是她生活下去的动力，如果没有那些节日，她的日子简直无聊透顶黯淡无光。

所以，落落交男朋友的硬性指标便是对方必须熟记每一个重要的节日以及纪念日，以及在那个日子送上礼物。对于落落来讲这些当然不够，只是基础罢了，最重要的是要有惊喜，还不能重样。

落落是个大美女，所以她每次跟即将交往的男生叙述这些硬性指标的时候他们都把头点得跟弹簧似的。

我早就跟落落说过，照她这样的折腾法，迟早把自己剩下。可是落落在第十一次分手后还是不相信。她说她已经在这个世上度过了二十多年的无聊日子了，所以她的生活需要刺激，需要男人给她制造惊喜，不然跟死掉有什么两样。

不敢苟同但也没法抗议，因为在落落的眼里，她是女王，我们都是臣服于她的子民、士兵或者囚犯。你见过平民反抗贵族的？不仅没有任何效果，搞不好还得把小命搭上。

当落落带着她第十二任男朋友在我们面前招摇过市的时候，我们着实为那个男生捏了把汗。那个男生叫林，是落落的前同事，据说喜欢落落很久了。

我把林拉到一旁问他，落落有没有宣读她的硬性条件？林不以为然地点点头。

看他泰然自若的样子我倒替他着急起来："你竟然能接受？你想清楚了吗？"

林拍着胸脯说："当然，不就是节日、生日和纪念日吗，我觉得很正常啊，女孩都希望重要的日子男朋友能记得并且送个礼物制造个惊喜啊。"

我说："你没理解到点上，问题不是法定节假日，而是大部分节日，你明白吗？"

林不解，不耻下问。

我说："落落特别爱过情人节你明白吗？"

林点点头："每个女孩都爱过情人节啊。"

我继续说："重点不是情人节，而是一年有十二个情人节，她都要过，你明白了吧？"

林张大了嘴巴。

我开始给他数，一年里每个月的十四日都是情人节，日记情人节、传统情人节、白色情人节、黑色情人节、玫瑰情人节、银色情人节、亲亲情人节、绿色情人节、相片情人节、葡萄酒情人节、电影情人节、拥抱情人节，这就意味着光情人节林就得花尽心思准备十二份礼物、掏空心思制造十二种不同的浪漫。不对，我还忘记了，还有中国的传统情人节七夕，落落一年就要过十三个情人节。她不嫌累，这得折腾死男朋友。

听到这里，林的脸上笑容已经有点僵硬了。

除掉每年的法定节假日是必须在一起过的，还有国际妇女节、愚人节、五四青年节、国际家庭日、8·12国际青年节、世界旅游日、万圣节等乱七八糟的节日，对了，落落长大成人后还过植树节和六一儿童节。

再落到纪念日那就更复杂了，女人的心思很复杂的，你根本摸不清楚她们会纪念些什么，例如落落就曾定义过一个三笑纪念日，三笑纪念日的意思便是那天她不开心，男朋友哄她，让她笑了三次，最后开心了。

林的脸已经绿了，我拍着他的肩膀语重心长地说："胆儿挺肥啊，没搞清楚就敢跟落落谈恋爱。"

林说话都有些结巴了："我没想到这么多啊，谁知道这么多啊。"

事已至此不如给点实用的建议——多攒点钱吧，惊喜无价，但是礼物可是真金白银啊。

林还是挺有毅力的，也不危言耸听，坚持了一段时间，可能想凭着一腔真诚感化落落吧。

最后还是出事儿了，林忘记了一个纪念日，忘记了那个纪念他们接吻超过半个小时的一个纪念日。

这次事情的后果当然是落落大发脾气，哭着说他不爱她，质问林当初的信誓旦旦呢？怎么食言了？不走心！骗子！

哐当一下，林就从贴心的男朋友定性成了骗子。

落落的脾气特别直，藏不住火，好好哄一哄就没事，也许林还没摸索透彻，一开始并没有哄，而是充满着不理解反问："至于吗？"

这下就把落落彻底点燃了，俩人大吵了一架。

隔天落落主动提出分手，林同意了。

其实我们都知道，就算不是因为吵这一场，以后也会分手的，时间不会拖得太长。

俩人吃了一顿友好的分手饭，为落落的第十二次分手画上一个圆满的句号。

后来跟落落一次无意的闲聊中，聊到纪念日、礼物、惊喜这个事儿。落落回忆她跟某一任男朋友的一次争吵，是因为落落生日的时候对方准备的惊喜不够惊喜导致的。

我劝道："别要求那么苛刻，是那么回事就得了。"

落落不高兴了："我要求的一点都不苛刻，我生日那天他中午给我做了一盒便当送到公司，我一想这是惊喜的前奏啊，还挺高兴的，打开一看，一半白米饭一半盐水煮青菜，我又一想，行吧，男生做饭差点可以理解，我等晚上吧。晚上他来接我，到他住的地方，我一进屋黑乎乎的，他让我等一下，然后他就点起了蜡烛，是一蛋糕，你知道吗？那蛋糕巨丑，估计是在超市买的，然后他说亲自下厨给我做了一顿丰富的晚饭，还问我惊喜不惊喜感动不感动，我一看桌子上是四菜一汤，西红柿炒鸡蛋、凉拌黄瓜、炒肉片、炒娃娃菜、豆腐汤，你说说，这让我怎么惊喜？叫我如何感动？还有更气人的呢，桌子上摆的不是红酒而是可乐，还是2.5升那种大瓶的。我当即转身就走了，从此再见了。"

我差点笑岔气，问落落是想要一份爱情呢，还是更想要惊喜和礼物呢？

落落说她本质上是想要一份真挚的爱情，一个对他好的人，这些只是一些附加条件，如果连这些基本的要求都做不到，谈何真心？

起初落落的要求就是普遍女孩的要求，可是随着一个一个男朋友谈下来，她发现就连最基本的法定节假日、生日、恋爱纪念日都记不住做不到，哪怕是那天对方有事比较忙，可以理解，发条信息总可以吧。或者事后想起来补上、道个歉都行。所以落落就一直往上加条件，直到现在。

我问："所以你谈到最后其实要的只是一个在乎，你在乎他的在乎胜过你喜欢他们本人？"

落落点点头："或许吧。"

当然，生活中也不乏这样的女孩，节日、纪念日、生日必须一起过，还得有礼物有惊喜，一旦对方忘记便大发雷霆。

你是在乎他，还是生气他忘记了你们的约定、忽略了你？如果当时真有事儿不能陪你，事先跟你沟通过，你依旧会生气发脾气还是体谅？

如果你依旧生气，就要想一想，你更在乎的究竟是什么？是节日，还是你的男朋友。

给你两种选择。一是你生日那天，男朋友正好在外地出差实在是赶不回来，但是他打了电话祝你生日快乐，还提前快递了礼物给你。二是生日当天男朋友不在身边，但是有另一个男生陪你逛街看电影吃饭送你礼物，还给你准备了一个超级大惊喜。

选择哪一个会让你更开心呢？

你也许没有落落这么极端这么作，但是如果你依旧选择了第二种度过生日的方式，那么你真的需要仔细想一想，你是爱惊喜多一点还是爱男朋友多一点？

哪怕你有充足的理由这样做，也请考虑一下对方的感受，毕竟爱情不是一个人的事儿，一方做得太过分，另一方只能选择逃避或者逃离。

Chapter 6

男闺密的
种种事迹

〔你的男闺密
要避嫌〕

某天下午，刚写完一篇稿子，女朋友从我面前晃过去，我问她："你渴望有个男闺密吗？"

她用奇怪的眼神看着我，就像看一只大猩猩："这是一个陷阱还是一个陷阱还是一个陷阱呢？"

我再三保证这就是一个单纯的问题，她才回答我："不渴望。"

我追问为什么。她说会引起各种不必要的麻烦，尤其是与男朋友之间。

我夸赞她是一个聪慧的女子，然后给她讲了朋友艾迪最近的遭遇。

艾迪是以前合作版权方面的朋友，玩得不错。他也在圈子里混得有模有样，可是他的爱情最近糟糕透了。

艾迪的女朋友非常漂亮，这让外貌普普通通的艾迪在很大程度上有些危机感以及自卑感。艾迪担心哪天一个比他优秀的人把女朋友抢走。他自卑是觉得配不上她。

艾迪清楚地记得她成为自己女朋友那天的感觉，就像中了大奖，五百万元抱回家。那一刻他觉得头晕目眩，仿佛自己被吸进了一洞里，洞里有很多金银珠宝。

所以，艾迪一直很努力，努力变得优秀一点，更优秀一点。

这才成就了现在的他。

艾迪的情感危机不是出现了比他更优秀的情敌，而是他女朋友最近有了一个男闺密，也叫蓝颜知己。

艾迪知道的时候整个人都不好了，像是霜打的茄子。

那是在一个月黑风高的夜晚，艾迪在家等女朋友回来，等了很久，打电话也打不通。正在艾迪穿好了衣服准备出门寻找的时候门铃响了，艾迪打开门闻到了刺鼻的酒味，一个挺漂亮皮肤挺白皙的男生扶着女朋友，看起来女朋友已经喝得酩酊大醉了。

那个男生说："美姐喝醉了，我给她送回来了。"

艾迪绿着一张脸扶过女朋友，然后砰地一声把门关上了。

艾迪说："当时我一点都不想表现得很有礼貌，一点都不想说谢谢，没理他算很有理智了。"

第二天女朋友酒醒了之后，艾迪问她昨晚上那个小白脸是谁？

女朋友笑着说："人家不是什么小白脸，他是我闺密。"

艾迪心中一团火，都快把五脏六腑烧焦了："男闺密啊，什么时候认识的？"

女朋友听着他的语气更饶有兴趣了："吃醋了？没事啊，他是弯的。搂在一起睡都没事。"

当时艾迪就火了，冲着女朋友吼道："我问你什么时候认识的？"

然后两人大吵了--架。

艾迪从家里出来奔到我这儿，一通酸溜溜以及夹杂着愤怒的抱怨：

"我呸，还抱在一起睡都没事，她是抱过啊是怎么着啊，她怎么知道没事啊，再怎么说他也是一个男人啊，就那么抱一起？就算是没抱，脑袋里想也不合适吧？这也算精神出轨了吧，哪个做男朋友的能受得了啊？自己想想还不行还得说出来，还得当着男朋友的面说出来，然后吵架，吵架她还护着她那男闺密……"

我赶紧拦着："有点过有点过，人家就一假设，没去抱。"

艾迪打断我："假设也不行啊，假设后面可就该实践了啊，还男闺密，让我别担心，说是弯的，谁知道真的还是假的啊？就算是真的，没准他就是一职业骗子，专门伪装成弯的来骗小姑娘——还有，你说一个姑娘喝那么多酒干吗，就算要喝也给我打个电话，让我去接她啊，真不让人省心，多危险啊，你说要是没送回来……"

我劝道："这不没事儿嘛，你俩好好沟通沟通，别动火，说明白了下不为例就行了。"

艾迪走后没两个小时又回来了。

我问："怎么了？迷路了？"

艾迪一脸铁青，重重坐在沙发上，我可怜的沙发发出吱吱呀呀的嘶叫声，然后问我有酒吗？我担心我娇小的冰箱遭到他的毒手赶紧给他拿了两罐。

艾迪一边喝一边说："刚才我回去打算跟她道个歉然后好好谈一谈。"

我说："很好啊，谈得怎么样？"

艾迪说："我回家后发现女朋友不在家，我给她打电话，她说她在逛街，我心想逛街散散心挺好的，让我失控的是她竟然在跟男闺密逛街。"

说完艾迪骂了几句脏话。

我继续劝导艾迪，艾迪一句话就给堵了回来："如果你女朋友有个男闺密，还特亲密，你受得了吗？"

当时我代入一下，如果我女朋友成天跟她的男闺密一起吃饭、看电影、逛街，那我也受不了。

也许是我们周围见了太多男朋友跟女朋友的女闺密好了，或者女朋友跟男朋友的男闺密好了的事情，我们变得敏感起来，因为爱、因为占有欲，我们不容许爱人跟其他异性过度亲密，怕她/他离开。这无关个人优不优秀，也无关个人留得住或留不住对方，这里面的代价以及不可控因素太多了。我们信任恋人是忠诚的，也对我们的爱情有足够的信任，但是我们不相信其他人，不相信掺和进来的另外那个她/他。

这是对我们爱情的一种下意识保护。

男人忍受不了女朋友的男闺密，你可能觉得有点太夸张。换位思考，你容许你的男朋友有女性的"哥们"吗？

艾迪灌下两罐啤酒，从沙发上跳起来，穿上外套就往外走，边走边说："不能允许事态往坏了发展下去。"

接下来的事情便是艾迪去了女朋友跟男闺密逛街的商场，直接把女朋友拉回了家。虽然免不了一场争吵，但是他女朋友知道了他多么爱她，也知道了他的担忧。

这件事情，艾迪的女朋友破天荒地主动道歉了，她说："对不起，我以为没事就交了个男闺密，丝毫没有考虑你的感受。"

俩人说明白后关系重修于好，这件事算是结束了。

女朋友还把这个弯的男闺密介绍给了艾迪认识，艾迪抱着理解女朋友的态度去认识了。经过一段时间的接触之后，艾迪发现他真是弯的，而且拥有众多的女性朋友，都玩得很好，她们管他叫"妹妹"。

艾迪发现他们的世界非常奇妙，就拉上我一起"探险"，美其名曰给我找了一灵感素材库。

后来艾迪的女朋友不乐意了，严令禁止艾迪跟他亲密来往，原因有二，一是他是弯的，怕他把男朋友掰弯；二是他有那么多姐姐，怕男朋友扎进女人堆里被迷惑了心智。

男人憎恨你的男闺密，就如同你不喜欢他有非常亲密的女性朋友一样。而且他所反感的程度要比你生气的程度高不止一百倍。

因为，男人最了解男人的坏心思。他也同样清楚你的男闺密的坏心思。你可以说他对你没有坏心思，但是他绝对存在坏心思。你的男朋友清楚这一点，清楚男人的本质，所以他反感你的男闺密。

这既是爱你的表现，又是在保护你们的爱情。

也许他的做法有所欠缺，里面夹杂着醋意，虽然让你很生气，但那是因为爱你。

姑娘们啊，找男闺密需谨慎，如果之前就有了，比男朋友还要早，那就注意要避嫌。

〔披着
男闺密皮囊的备胎〕

秦阳喜欢小米很多年了，奈何小米一直不喜欢秦阳。

其实"小米一直不喜欢秦阳"就是从秦阳口中说出来的，因为在我们看来，小米一直没把秦阳放在眼里。因为秦阳已是多年的资深备胎了。

有多少姑娘会把一个备胎放在眼里呢？只有在她们受伤或孤独的时候才会想起来——我还有一个备胎。

秦阳这个备胎做得很有水平，直接进阶到了终极备胎形态——男闺密。

这里需要说明一点，不是所有的男闺密都是备胎，但男闺密是备胎的一种。

归根结底，披着男闺密皮囊的秦阳仍旧是备胎的命。

秦阳说他喜欢这个身份又讨厌这个身份。喜欢是因为可以距离小米近一点，有时候还会觉得小米很需要自己；讨厌是因为他不满足于做备胎，他为了转正已经努力很多年了，可是无论他如何极力摆脱这个身份都摆脱不掉。

有时候喜欢一个人好累。这是秦阳内心的真实写照。

我问秦阳："为什么你非要做她的备胎或者男闺密呢？有些东西你放弃要比惦记着幸福多了，比如一份不可能的爱情。"

秦阳说："我试过，可我就是不争气，做不到啊，每次她有事，我就会乐得屁颠屁颠地飞奔到她身边任她差遣，也许这样太没尊严，但是我可以接受。我也试着向她表白过，趁她伤心喝醉的时候，因为在其他时候我没有这个胆量，我说不出口，只要她一瞪我我就根本说不出口，我表白完她会说'我们是好朋友不是吗？你是我的男闺密不是吗？'然后第二天她酒一醒就会忘得一干二净。我一直以男闺密这个身份在她身边，是因为觉得我有机会，虽然很渺茫，也有可能是幻想，但是我还是愿意这样。我怕，我怕我下定决心放弃之后跟她连朋友都没得做，我接受不了这样的结果。"

这是我第一次见一个男人爱得如此没尊严，如此失去自我。

就好像为她而活。

也许有些姑娘特别羡慕有这样一个人对自己如此专一、执著、肯牺牲，但这是爱情的一种悲哀。

病态的爱情是需要医治的，如果我们一直身处在病态的爱情当中，那么我们自己本身也会变得病态，而这种病是打针吃药治愈不了的。

最可怕的是，我们明明知道这样是错的、是病的，我们还是会义无反顾。

这不是爱情，这是愚蠢。

爱情应该是美好的，应该是带给人快乐的，应该是给人信仰的，应该是给人以正确指引的。

有一次小米失恋了，被男朋友甩了，很伤心，一个电话打到秦阳那里去，只有一句话："我很难过，我在维明路上的一个烧烤摊上，限你在十分钟之内赶到，不然我就生气了，就不跟你玩，咱俩从此老死不相往来。"

秦阳放下电话把手下的事情推掉就往那边赶，冲下楼，到路边打车，还跟一个电动车撞在一起，幸亏秦阳年轻反应快，没什么大碍，然后他赶紧打了出租车奔了过去。

秦阳看着表坐到小米面前，气喘吁吁地说："还好，赶到了。"

小米说："那也是晚了，我以为你十分钟之内就能到，还能给我一惊喜——罚你三瓶。"

小米把酒往秦阳面前一放，发出"咚"地一声响。

原本秦阳是不喝酒的，而他现在可是酒神，只要让他上厕所，啤酒随便灌。他的酒量完全得益于小米的训练，因为每次小米失恋或是遇到不开心的事情就会把秦阳找来陪喝酒，每次小米不怎么喝，但是她的乐趣是看秦阳喝，等秦阳喝醉，看他出洋相。

秦阳二话不说，拿起酒瓶就灌，咚咚咚，三瓶酒下肚。

然后小米说了一个多小时前男友的坏话，秦阳就跟着一起骂。秦阳一骂，小米不乐意了，就骂秦阳，说他不许骂，只许她一个人骂。然后秦阳就骂自己让她开心。

小米喝得差不多了，脸红眼也红，就开始回忆跟前男友在一起的种种幸福时刻，听得秦阳心里极不是滋味。但是他还得听，不光得听，还得应和着，不光应和，还得有声有色说到点上，不得有半点敷衍。

喝得大醉，秦阳把小米扶上出租车，护送回家，到家后，抱上楼。

进到屋里，把她放床上，然后用热毛巾给她擦脸，最后帮她盖好被子。有时候秦阳喝得也有点晕乎，就会亲一下她的额头。

秦阳说："只有在她失恋或者难过的时候我才离她最近。"

第二天小米醒来连打电话过去说声谢谢都没有。

发泄完满血复活的小米接下来仍继续约会、谈恋爱，只是对方永远都不会是秦阳。

我们介绍过很多姑娘给秦阳认识，但是秦阳都不接触就直接拒绝。有一次我们凑在一起聊起了秦阳的事儿，其中有一个姑娘，抱着出谋划策普度众生的想法参与了进来。

这个姑娘听完秦阳的故事后感叹："那个小米是瞎了吧？这么好的男生摆在她身边多年都视而不见？要是我肯定当宝贝呵护着啊，不是歌里都唱了吗，有个爱你的人不容易。"

她继续分析："小米肯定知道秦阳爱她，就是装作不知道，她想有这么一傻子时刻候着我，先找我的钻石王老五，找到了彻底跟他断了，等到最后找不到也没关系，反正有秦阳这条退路。"

最后那个姑娘表示真的要去普度众生了。

而她普度众生的方式就是猛追秦阳。这一举动得到了我们的高度赞扬以及大力支持，各种献计献策。

在她不懈努力下，终于把秦阳拿下。

开始秦阳惊讶还有女孩穷追不舍地倒追他，后来在慢慢的接触中秦阳不知不觉地爱上了她。

当秦阳把消息告诉小米后，小米愣住了，脸上的表情特别失落，就像原本属于自己的东西被别人夺走了。即使是自己不珍惜的东西，到了别人手里也会难过的吧？

当然，人不是东西，他是有血有肉有感情的。

秦阳成了别人的男朋友之后，小米才发现，原来最了解她最心疼她的人是秦阳。而自己一直忽略他，一直没看见他的好。

现在秦阳的好被别人发现了，他们还相爱了。我想小米肯定是后悔的，不然她也不会偷偷找秦阳，恳求他回到她身边，做她男朋友，道歉非常诚恳，什么"之前不知道你那么爱我，现在才知道……"她也才知道自己已经爱上了他……

秦阳拒绝了小米。

秦阳说："我爱她，比之前爱你还要爱。"

每个人的心里都藏着一个得不到的人，尤其是男人，真心地爱一个姑娘就会义无反顾，万死不辞。但是，如果姑娘不懂得珍惜，一而再地不给男人机会，男人也不保证可以爱到地老天荒。别忘了，男人既是痴情的动物，也是实际的动物，有了另一个姑娘来拯救他，他没准正好脱离你的苦海。

如果你的身边恰好也有这样的男闺密（你清楚地知道他喜欢你），就要问问自己是不是也喜欢他。如果爱，请抓住。

〔如果我是你的男闺密，我会告诉你不要主动〕

朋友王一姑娘打电话问我，说她爱上了一个男生，暧昧了很久，可是他都没有什么表示，问应不应该主动追他，捅破这层关系。

王一姑娘说："你最懂了，你说他是怎么想的？是太愚笨了看不出来我对他有意思吗？我觉得我们暧昧得挺明显的啊，你说他是害羞吗？哎呀，我该怎么办啊？究竟要不要主动追求他啊，帮我拿个主意。"

还没等我回答，王一姑娘已经自问自答起来：

"你说我要不要安排一场午夜首映电影？肯定是爱情片啊，最好还有激情镜头的片，选择的电影院旁边必须有酒店，这样看完电影出来，也得凌晨两点多，再加上街上霓虹闪烁，周围的情侣一对一对的，旁边就是酒店，然后他的大脑就会接收到强烈的暗示，然后邀请我，然后我答应……等一下，这样会不会太明显？他会不会觉得我太奔放？不好不好，万一吓到他怎么办，吓到还好说，吓跑了我就鸡飞蛋打了。

"你说我要不要邀请他到家里来吃晚饭，我做一桌精致的菜，这样既能展现我的厨艺以及贤妻良母的一面，又能让他进入我的闺房，我再弄点香薰、烛光什么的，穿得性感一点，放点缠绵悱恻的曲子，气氛一起来，这下总该顺理成章了吧？不行不行，怎么像我勾引他似的，女孩要矜持，女孩要矜持，女孩要矜持，重要的事情说三遍。

"要不然我干脆直接问他吧？到底喜不喜欢我？喜欢就好，不喜欢就算了……也不行，万一他回答不喜欢呢，我多伤心？万一他心里有那么一点点喜欢我，还在犹豫中，我这么着急一问，一逼他，他选择不喜欢了，那我多悲催。

"我继续等着？好煎熬啊，你说他到底喜欢我吗？

"不行，我要追他！还不行，那我女孩的矜持就没了，纠结死我了，你给我拿个主意，你说我究竟该不该主动？"

…………

王一姑娘滔滔不绝地讲了将近半个小时，期间我一句话都插不进去，这还是我第一次见她能喋喋不休到这种程度。

我先让她深呼吸了几次，然后基于他们暧昧了如此之久男方都没有行动的情况下做了一些假设：

假设一，他不喜欢你。

一个男人不喜欢你，那么他会爱上你吗？显而易见，一个男人对你的第一印象或者长期与你接触下去的感觉是不喜欢，那么肯定迈不过"爱"这道门槛。在这一前提下你去追求他，死命追求他，他会发现你的好，并且会爱上你吗？

我可以很负责任地告诉你，是不可能的。那些可能只存在于电视剧或者情感故事里，因为我也这样编过。男人的思考机制以及恋爱模式与女人是截然不同的，打个比方，他不爱吃茄子，你拿着茄子成天在他面前晃，他还是不爱吃，久而久之还会产生厌恶的心理，就会从不爱吃茄子的层面转为厌恶茄子的层面，因为你拿的是一种他不爱吃的食物，即使你费尽口舌宣扬茄子多好吃，茄子的营养价值有多高，也依旧改变不了他不爱吃茄子的事实。就算那茄子能照顾他一生一世，他不爱吃就是不爱吃。

在他不喜欢你的假设上还有一种可能，那就是一个男人不喜欢你，那么他会与你谈恋爱吗？

答案是有可能会。

等一下，先别欣喜若狂。即使他与你谈恋爱，他还是不喜欢你。**在男人的恋爱模式中，不爱与谈恋爱是不冲突的，就如同男人的爱和性是可以分开的一样。**

为什么他不喜欢你，还会跟你谈恋爱呢？因为对大多数男性来说，只要是不令他们产生厌恶感的异性身体，他们都不会拒绝的。

就像一只狮子，一只不喜欢吃鹿肉的狮子，在没有猎捕到马的情况下，有鹿肉吃，狮子也不会拒绝的。

所以，你要想清楚，你是要跟他单纯地、不计较爱与不爱地谈恋爱呢？还是要他爱你并且与之谈恋爱呢？

假设二，他没那么喜欢你。

没那么喜欢你的意思是他肯定不讨厌你且有一点点喜欢你，可以忽略不计的那种一点点。

在这一前提下，他会接受你的表白与你谈恋爱吗？

结合第一个假设，你在他眼前晃来晃去，无论频率多高他都不会对你产生厌烦，因为他对你心存一点点好感。就是这点好感，让他跟你待在一起会有一点点的愉悦感。

所以，你表白成功的概率就会大一些。

但是你真的要主动表白吗？向一个不那么爱你的人。

让我们继续假设，你表白成功了，你们在一起了，你好开心。他呢？心情大概就没有起伏了，就像逛了一遭菜市场，小商贩送了他一把香菜，他把香菜带回家，放在厨房里，基本上会遗忘，直到香菜放蔫了。也许哪天心血来潮想做个汤，会突然想起前一段时间小商贩送了一把香菜正好可以用上，这个时候他才会很高兴。但你要注意的是，他并不是因你而高兴，而是他想喝的汤，恰好有香菜会更鲜美一点。虽然是你的作用，但是他的心思全在汤上，与你没有丝毫关系。

再接着假设，你向并不那么喜欢你的他表白成功，你们恋爱后过得也很甜蜜。突然有一天，有一个姑娘出现在他的生命里，虽然那个姑娘并不一定比你好看，并不一定比你优秀，并不一定比你爱他多，但是他就是喜欢上她了，比起不那么喜欢你，这简直就是疯狂的爱慕。

现在，你能非常自信地说他绝对不会离你而去吗？

哪怕他不是特别喜欢那个姑娘，只需他喜欢她比喜欢你多百分之零点几，你们的爱情也会瞬间分崩离析。

假设三，他既不喜欢也不讨厌你。

这种情况最难办了，他对你毫无感情，甚至连反感都懒得反感。

这种情况下，你百分之二百的努力、折腾，都有可能无关他的痛痒。

而且当你主动过后，你会更加痛苦：原来他一直都没喜欢过我，我对他而言就如同一块石头、一团空气，跟他暧昧那么久，我真傻啊，看不出来他压根就不喜欢我？哼，这种不主动不拒绝不负责的渣男……

假设四，他喜欢你。

他喜欢你，你也喜欢他，你们暧昧，享受着那种微妙的感觉，然后你主动表白，他同意，你们在一起，过上幸福快乐的日子。

这只是在他喜欢你的假设上的理想脚本，然而我不得不让你回到现实中，你们暧昧了这么久，他都没有任何行动向你表白，或者主动流露一些他想要向你表白的意图，你真的确定他是喜欢你的吗？

综合上面四种假设，最后我给王一姑娘的建议是不要主动。

面对跟你暧昧且持续很长时间也没有行动的男人，主动表白的结果无非是挥霍青春浪费感情，没准还被骗财骗色，所以，请果断离开。

你的感情应该放在珍惜你的人那里，他会小心呵护，好好感受，努力地付出，唯有这样才值得我们倾注感情，才值得我们主动争取。

王一姑娘在电话那头长舒一口气说："还好我没有那么冲动，谢谢你。"

我说："祝你后来的日子有一个值得主动表白的人，更希望，那个人主动找到你。"

〔别披着男闺密的外衣 耍流氓〕

如果说，不以结婚为目的的恋爱都是耍流氓，那么既不结婚也不恋爱的男女关系就更是耍流氓了，无论给这段关系安上什么好听的头衔，也于事无补。

沈姑娘在她的爱情里着实犯二了一把，而且是24K纯二。

其实沈姑娘在接受男朋友表白的那一刻，心里不是百分百喜欢他的。当时她想，反正也是单身，况且他又那么喜欢自己，索性就接受吧，被照顾着也是蛮好的。

沈姑娘告诉我她恋爱的消息并且说出实情的时候，我问她："如果你遇到一个特别喜欢的人，而那个人并不是百分百喜欢你，你会怎么做？"

沈姑娘想了想说："不知道，到时候再说呗。"

后来，沈姑娘真的遇到了这么一个人——她特别喜欢，可他不怎么喜欢她。

他们遇上的那天正下着雨，沈姑娘一个人逛街回家，在路上走着走着就下雨了，她赶紧找了一个公交站牌避雨，后来雨越下越大，公交车也不来，打车更打不上。

好不容易来了一辆出租车，一群人蜂拥而至开抢。沈姑娘穿着高跟鞋还一不小心崴了脚，真是倒霉到家了。

她给男朋友打电话一开始打不通，气急败坏地拨了好几遍终于通了，生气道："我崴脚了，在××路，赶紧过来接我。"

说完，干脆地挂了电话。

坐在长椅上等了很久，沈姑娘没等来男朋友，却等来了另一个男生。他打着一把伞，从雨中走来。

那个男生走到沈姑娘面前，问她："就是你崴脚了吧？"

沈姑娘有点纳闷："你是谁啊？"

那个男生说："不是你让我来接你的吗？"

沈姑娘赶紧拿出手机一看，拨通的那个号码不是男朋友的，而是按错了一个数字拨错号码了。

沈姑娘笑了，那个男生也笑了。

简单介绍后沈姑娘得知他姓叶。叶先生撑着伞，两人来到附近的一家咖啡馆坐了下来。沈姑娘点了两杯东西要付钱的时候被叶先生拦住了，他说："我都冒雨接你了，也不差这两杯咖啡钱，我来付吧。"

沈姑娘没有推脱，然后又聊了一会后儿，沈姑娘问："明知道打错了你还来？"

叶先生说："下这么大雨，你没伞又崴脚了，多惨，为了让你不对这个世界感到绝望，所以我跑一趟。"

沈姑娘被叶先生逗笑了。

俩人第二次见面，是沈姑娘主动给他打电话请他吃饭表示感谢。这次，沈姑娘了解到叶先生有女朋友了。

叶先生说："那我们就做朋友吧。"

沈姑娘心情有些低落，她是喜欢叶先生的，随着接触的次数递增，越来越喜欢，她觉得他绅士、有趣、有内涵，有男人气概。

其实叶先生也能看出来沈姑娘喜欢自己，但大家都不是单身，拒绝对谁都好。

情不知所起，一往而深。沈姑娘在某个睡不着的深夜里终于想明白了，她是喜欢上叶先生了。

一旦清楚喜欢上某个人了，那么日夜思念的便是他。沈姑娘接连几晚都睡不着，脑海里要么就是叶先生的形象，要么就是如何跟他在一起、怎么处理跟他的关系、怎么处理跟男朋友的关系等这些问题。

终于，沈姑娘被自己折磨得受不了了，她再一次主动约了叶先生见面。

沈姑娘直接问叶先生："你喜欢你女朋友吗？"

叶先生愣了几秒说："挺喜欢的。"

沈姑娘乘胜追击："你犹豫了，说明你不太喜欢她，咱们一样，其实我也不太喜欢我男朋友，那不如跟他们分手，我们在一起吧。"

叶先生说："我很欣赏你的坦诚，我想我也应该坦诚一点，我确实对她不是百分百地喜欢，但是我对你，也一般，没有特别心动，明白吗？我希望我们还是朋友。"

沈姑娘知道，感情是不能勉强的。她想了好久点了点头，然后提议："或许我们可以成为更亲密的朋友。"

叶先生不解，沈姑娘提了一个"男闺密"的概念。

叶先生竟然同意了。这下，沈姑娘开心了。

一个周末，沈姑娘的男朋友买好了电影票约沈姑娘一起看电影，却被沈姑娘拒绝了，表示已经约了闺密逛街。

而她男朋友并不知道，这个闺密指的是男闺密，还傻乎乎地嘱咐地要玩得高兴点，想买什么就买。

渐渐地，沈姑娘跟男闺密在一起"约会"的次数，超越了男朋友。本来沈姑娘对男朋友的喜欢就不是百分百，这下倒好，直接降级成了漠不关心。

然而叶先生对沈姑娘的感觉还一直停留在"一般"的层面，没有进一步也没有退一步。

沈姑娘对这样的"男闺密"关系还是比较满意的，既然不能跟真正喜欢的人在一起，那么一直暧昧着也是好的，起码可以得到他的关心，他的陪伴。

爱情是自私的，本没有对错，可是从爱情道德的层面上讲，就可以分好坏了。沈姑娘完全从自己的角度出发，把自己置身于一段扭曲的暧昧关系里，可是对于别人来说却是具有伤害性的。如果感情会带来伤害的话，为什么要接受呢？在感情中，我们不仅要保护自己不受到伤害，还要不给别人带去伤害，这是一个好恋人的基本准则。

跟"闺密"约会的次数多了，谁也会起疑心。男朋友开始怀疑沈姑娘喜欢上了女人，试探着问她，她笑着说不是，告诉男朋友她这个闺密是男的，关系不错的男性闺密。

男朋友嘴上虽然没有说什么，心里终究是不好受的。他又想起了女朋友跟男闺密"约会"次数的频繁程度，有点接受不了，便跟女朋友提出了分手。沈姑娘同意了，这样就可以堂而皇之地追求叶先生了。

分手的那天沈姑娘约叶先生出来，告诉他自己分手了。

叶先生难以启齿，考虑了良久，终于还是说出了自己的想法，他觉得虽然不是百分百喜欢自己的女朋友，但她也是自己的女朋友啊。而且叶先生觉得"男闺密"这个身份不太好，会伤害到一些人，就提议跟沈姑娘断掉这个关系，只做朋友就好了。

这次，沈姑娘没有露出伤心的表情，而是苦笑。兜兜转转了这么一大圈，到头来自己扑了一个空。

当然，她也意识到这样的结果怨不得别人，一切都是自己造成的。

明摆着，叶先生完全是披着男闺密的外衣在耍流氓，仅仅是最后良心发现还得对自己的女朋友负责，所以拒绝了沈姑娘。

这个时候，姑娘们千万别傻傻地感动，虽然他这样说确实挺爷们的，懂得负责。但是他已经借着男闺密的头衔与姑娘亲密接触了啊，又是逛街，又是吃饭，又是看电影，这些本该男女情侣之间的事情都已经做过了啊。虽然没有光明正大地占姑娘便宜，但也捞到不少呀！

所以，姑娘们，擦亮眼睛吧，这样的渣男要提防提防再提防！

我们有时候真的会很贪心，希望跟这个人好，也想跟那个人好。有时候一看这个人不错，先凑合着，想着还会有更好的。于是，我们给自己身上绕了太多的关系网，找了太多的借口以及安了太多关系的名称和头衔。

爱情，还是得走心。

Chapter 7

为男人正名

〔分手账是怎么算的？〕

分手这件事儿挺悲哀也挺无奈的，凡是能有办法坚持的，绝不会走到分手这一步。有的分手是两个人不爱的，也有的是其中一方不爱了，更有两个人仍旧爱着，但因某些原因不得不分开的。

分手的时候，总得说点什么或者算算账：谁先不爱谁的呀？你的银行卡里还放着我几千块钱呢，是不是得还给我呀？亏欠的一方应不应该给予一些相应的补偿啊？我们怎么处理之后的关系呢？是老死不相往来，还是继续做朋友或者是其他什么诡异的关系？我送过你一份特别贵重的礼物，想要回来，美好回忆是不是要销毁，比如照片什么的……

我收到过一个男生的邮件，讲他分手算账的事儿，特别有意思。

男生大三，女生大二，俩人好了一年多，据说早就互相没感觉了，就这样一直拖着谁也不主动说，最后还是女生绷不住了，提分手。

男生同意了，并且最后请女生吃个分手饭。

他们去了市里对于学生来说已经算不错的餐厅，本来吃得挺融洽的，后来女生问男生从什么时候开始就不喜欢她了，男生说两个月前吧，女生一听便不高兴了，说她自己是一个月前，男生竟然比她还早一个月就不喜欢了，为什么不提前说分手，还一直霸占着她，耽误她喜欢别人。

男生被女生的逻辑给搞得混乱，反问："这也算耽误？"

女生说："当然了，你明明不喜欢我了，不告知我与我分手，就是耽误我，如果你早一个月告知我，没准我现在都有新男朋友了，现在一起吃饭的就不是你了，而是我的新男朋友。"

男生不与她争辩，埋头吃饭。

女生一见他这样，似乎更生气了，便要求男生给予她一些补偿。男生愣了，问她什么补偿？

女生说是耽误她找新男朋友的补偿，男生见状也有些生气，连忙解释并没有耽误她一分钟，她随便去找新男朋友，现在放下筷子走出餐厅去找，谁也没拦着。

女生一直咬定他耽误了她一个月的时间。

俩人越说越急，最后男生说了一个条件："好，补偿也可以，但是你得将之前我买给你的东西还给我。"

那时那刻，女生身上的那件大衣就是男生买的。男生还给她买过不计其数的小礼物，细枝末节的东西就不算了，贵重的东西有情人节送的情侣手表，生日礼物买的大衣，一周年纪念日买的项链，还有许多鞋子、包包等。

男生大概回忆了一下，发现给她买的东西还蛮多的，光他能想起来的就能列满一张纸，何况还有许多想不起来的。

女生不同意这个条件，说送给她的东西就是她的了，哪有要回去的理由。

男生又说改主意了，无论补偿不补偿，他都要把之前送给女生的东西全要回来，还拿出手机调出记事本拉清单。

女生暴跳如雷，大骂男生小气抠门不是男人，然后起身愤愤地走了。

男生不理会，继续吃好吃的东西，国家提倡不能浪费粮食。

男生说，他并没有真的想把之前送的礼物都要回来，既然都分手了，给彼此留下一个好印象不好吗，他只是觉得女生做得太过分了，故意这样做的，就算以后不来往也没关系，如今知道她这样，就算她想来往他都不肯了。

我当时回信的内容最重要的只有四个字：干得漂亮！

两人恋爱的时候好得跟一个人似的，一旦分手就成了仇人，一点情面都不讲，甚至看不得对方好。

当然，也有分手后诚心诚意的，虽然不在一起了，但还是希望对方过得更好一点。

我一个写作上的朋友大卫，突然一天打电话想来我家借宿。我有点诧异，他住的地方离我不太远，难道把钥匙锁家里了？可是，他的女朋友也有钥匙的。

我说："没问题，过来吧，可以睡书房。"

大卫过来后直接进了书房，话都不跟我说一句。我隔着门问他怎么回事，他说让他一个人待着，等想说了自然就说了。

我发信息给大卫的女朋友：大卫在我这儿，你过来看看吧。

很快，大卫的女朋友回复了信息，只有五个字：我们分手了。

我撇撇嘴收起手机，到冰箱拿了三罐啤酒摆在书房门口的地方，然后敲了敲门："我在门口给你放了三罐啤酒，你要是想出来跟我喝，我陪着，要是想自己喝就出来拿一下。"

过了一会儿，大卫把酒拿进房间，砰地一声，又把门关上。

大卫沉默了足足两天，只吃饭上厕所喝酒以及躲在书房里睡觉，根本不理我。两天后搭理我的第一句话是："我得在你这儿多混一阵，等我稿费下来了我就搬走。"

我点头说没问题。

大卫跟女朋友的房子是租的，这次分手估计是他搬出来把房子让给女朋友住了。哦对，应该是前女朋友。

差不多两个星期后，大卫渐渐恢复了正常，舍得从书房出来了，也愿意找人说说话了。

我问他跟女朋友为什么分手。大卫笑了笑，说："无论因什么而分手，理由已经不重要了，分手已经成为一个事实。"

我问大卫什么时候帮他搬家。

大卫说："不用，我就一个包，所有东西我都留给她了。"

我道："可以啊，净身出户。"

大卫家里有很多大件，滚筒洗衣机、电脑、空调、冰箱、音响等，都是俩人一起攒钱买的，一个空荡荡的出租房被俩人布置得满满当当，特别有家的味道。

记得有一次去大卫家里做客，看着他们新买回来的一套高级音响问："如果你们有一天分手了这些东西怎么办？"

大卫的女朋友说："锯开，一人一半呗。"

东西可以分割明白，但是感情永远也别想摘清楚——互相的亏欠、互相的付出、互相的折磨，就像水和进面里。

大卫说："虽然分开了，人不在了，但是我对她的感情还在呢，我希望她过得好一点。"

某天，大卫刚出门，大卫前女朋友就找了上来，递给我一个信封，说是昨天她卡里又收到了大卫的稿费，联系不到他，就送了过来。

我想起上次跟大卫聊天他说前女友刚辞职，经济肯定不稳定，挺担心的，再一看这情况知道肯定是大卫故意的，就把信封推了回去，并且告诉了她大卫最近一段时间的情况。

我看得出她脸上的动容，于是说："虽然你们分开了，但是大卫对你还是挺在乎的，他对你的感情跟没分手一样，我觉得你们需要好好谈谈。"

她犹豫了一会儿，说："那……大卫回来后让他给我回电话吧。"

她转身离开的时候脚步很慢，看得出来她还是挺感动的，两个人的矛盾也并不是不可调和。看来有时候分开一段时间冷静下来更容易找到彼此的问题。

总之，最后俩人又和好了，大卫搬了回去。

也许，不彻底分开一次不知道原来对方那么好吧。我想，当大卫的女朋友一个人在家的时候，看着屋子里的一切，满是有关大卫的回忆。门上的挂饰是跟大卫一起旅行的时候在苏州买的；角落里好久不用的茶壶是抽奖中的；那套音响是俩人攒了三个月的钱才买的……

分手的时候，应该算一算账。这样才知道他对你的感情有多深或有多浅；才能清楚自己舍不舍得这段感情，舍不舍得这个人；才能明白，原来我们是最合适的或原来我们从一开始就不合适。

〔多得是 你不知道的事〕

那天艾米跟我打听最近老王有没有异常反应？她觉得男朋友不爱她。

我是不相信的，艾米男朋友老王跟我是多年的好友。我非常了解他，除了人有点木讷外，其他方面样样好，尤其是在感情方面，特别专一。

就在前两天老王还咨询我三千元能买个什么讨女朋友欢心的礼物。他的原话是这样的："我刚发一笔奖金，三千元，我翻了翻小本，马上到我跟艾米一千天纪念日了，我想买个礼物，你给我出出主意，什么礼物能让女孩特高兴？你知道的，我不太擅长这个，万一买砸了多冤——你给我保密啊，我得给艾米惊喜。"

看看人家老王，发奖金买礼物，发多少花多少，这还不叫爱？

我说："你俩都这么久了，这就是个形式，你心到了她就高兴了，这样，如果她最近有什么想要的大件儿什么的，就买那个，不浪费还高兴。如果没有的话，就买个礼品盒，把钱塞里面包装好，直接送现金，艾米那性格送现金最合适了。"

我违背了答应老王保密的诺言，把这事儿告诉了艾米，让她别瞎想，且给我保密，别让老王知道我已经让她知道了。

艾米听完心里美滋滋的，我估计她脑海里已经在数钞票了。

我问她为什么觉得老王不爱她了。

艾米说："因为他做的让我不满意啊。"

我问："具体呢？"

艾米举了些例子：

1.记不住的问题。

艾米不爱吃蘑菇，这件事儿艾米跟老王说过好多次，但是老王总是记不住，有时候跟朋友一起去吃饭，有干炸蘑菇或者炒蘑菇之类的，老王尝一下觉得非常好吃，就夹给艾米。

艾米想，嘿，提醒了那么多次就是记不住，心里根本没我。

2.选择的问题。

艾米特想吃牛排，上个周五晚上，俩人说好下班一起去吃，结果临下班老王告诉艾米几个同事邀约一起去吃饭，老王没好推脱叫上艾米也一起。艾米生气的是老王没有拒绝这个可去可不去的公司同事小团体聚会，选择牺牲两个人的约定。

艾米想，为什么别人能拒绝，你就不会拒绝一下呢？明知道我想好几天牛排了，答应好好的临时又变卦，你自己去聚会就行了，还得拉上我。

3.女同事的问题。

老王发起了一个项目，做负责人，跟一个女同事一起合作，所以经常一起加班一起下班。一次艾米下班过去找老王，看到老王和女同事一起下班出公司，到了路边老王先帮女同事拦一辆出租车，并嘱咐道："记得打票啊，可以报销的。"送走女同事才跟艾米说："行了，咱们走吧。"

艾米想，关系挺到位啊，亲自拦车还提醒打票，心够细啊，没见你什么时候对我这么细心。

一次次的积累，让艾米觉得老王不爱他了。

我听完艾米举的例子，试图与她分析——这点事儿从男性角度来看，根本就反应不出来一个男人不爱一个女人。但是从女性的角度来看，就是大大的不爱了，因为这些事都是对女性情绪上的照顾不周以及忽略。

男性在感情里，尤其是拥有了一个他认为的终身伴侣后，就会变成单细胞动物。老王给艾米夹她不爱吃的蘑菇的时候，可能脑子里只有一个想法：这个好吃，给女朋友尝尝。

要说老王记不住艾米不爱吃蘑菇这一点也不尽然，如果老王自己做菜的话，在购买食材的时候肯定不会买蘑菇，因为艾米不爱吃。但当时恰好餐桌上有一盘蘑菇，老王一吃，好吃，然后脑袋里就直接跳转到"这个好吃，给艾米尝尝"的思维想法上，从而忽略了那是蘑菇。

关于那个选择的问题——其实女性的工作环境与男性的工作环境是截然不同的，这里的环境指的不是公司干净整洁程度，而是在同事与同事之间、同事与公司之间、利益与利益之间这张大关系网下的一个生态环境。而这样错综复杂的一张关系网更需要男性去维护以保护自身的利益或者以后的某个机会，可能就差一次小团体聚会，他的晋升机会就成别人的了，毕竟同事之间都是竞争发展的。所以，有时候也会被迫做出一些选择。

老王带上艾米一起去，就是怕艾米一个人吃饭太孤单。

还有老王做项目负责人这个事儿，负责人嘛，顾名思义就是要全盘负责，包括合作伙伴上的一些细节，都得照顾周到。有时候一句关心，就能让你的合作伙伴拿出百分之一百二的用心去完成工作。嘱咐同事打票这件事儿也关系到项目结束之后报账的事儿，如果女同事忘记打票了，那报账的时候就会出现发票不足的问题，拿之前的发票凑的话日期也不对，虽然都是一些小事儿，但是让领导知道了也说明个人的办事能力有问题。

老王想，同事关系嘛，先送人家走无可厚非，最后剩下他和艾米都好说，恋人之间相互体谅就没事儿了。

其实老王绝对没有半点不爱艾米的意思。

艾米听完我的分析立马指责我是站在男性立场上的，一点也不客观。

然后我又给艾米讲了一些老王有多爱她，而她却不知道的事情。男性的爱更多是渗透在生活的小事里。

有一次艾米身体不舒服，老王去楼下买菜，问她想吃什么。艾米说了几样，老王在路上看到了其他几样艾米平时爱吃的东西，在艾米没有说的情况下就顺手买了一些回去，老王想万一艾米想吃呢。

艾米是天秤座，有很多事特别纠结，特别擅长临时变卦，就连一起外出吃饭，艾米都会冒出很多想法，一会儿想吃这个一会儿想吃那个，一路上且得变个七八次，老王每次都会带上各种餐馆的会员卡以及糕点、咖啡会员卡。

每次临出门老王都会收好客厅、厨房、厕所、卧室的垃圾拎下去，艾米还总抱怨他磨叽。

临睡前，老王都检查两遍门窗安全。

老王和艾米刚在一起那会儿，俩人的经济都不太好。艾米想吃葡萄，那个季节葡萄很贵，艾米舍不得，老王说："你要大东西买不起，吃的还是能买得起，想吃就买，你高兴就好。"

老王上班比艾米早半个多小时，每次出门前都给艾米把热水烧上，早餐准备好摆桌子上。这样艾米起床后就有热水可以用，有早餐可以吃。

艾米做了一个公众号，老王就会看很多关于公众号运营的文章，帮艾米出很多点子。

一次元旦，他们去旅行，天很冷，老王特地买了一个保温杯，装满热水给艾米带着。

每次艾米出远门，无论多早或者多晚老王都会去接送。

老王从来没有让艾米刷过厕所。

艾米特别怕黑，所以老王从来没有丢下艾米一个人晚上睡觉。就算是出差，老王都会极力推掉那些时间超过两天的出差。有一次老王有个项目实在是推不掉，必须过去，他早上四点飞上海，晚上一点飞回来，第二天早上六点再飞走。

艾米的眼睛渐渐红了，让我停下。在我的引导下，艾米回忆起了更多老王爱她的画面，眼神失焦，不知道在看哪里。

其实，在相爱的过程中，经历过的太多细节都是我们所不知的，而那些过往的细节恰恰饱含着他对你深沉的爱。有时候我们会忘记那些细节，但有时候又会突然想起。想起的时候很暖，因为他依旧爱你，会在未来的细节中继续爱着你。

〔*如果可以选择，他宁可没幸福过*〕

老白告诉我苏瑾接受他的那一刻，他觉得自己是天底下最幸福的人。

老白单方面喜欢苏瑾整整四年，从大一第一次在操场上见到苏瑾，就在他心里埋下了种子。暗恋的故事大多是悲伤的，老白也没能幸免。当得知暗恋的苏瑾也暗恋着一位学长的时候，老白悲伤极了。

暗恋这种事儿要想转成明恋，并且从一厢情愿到两情相悦的话，只需要一步就可以了——表白。如果对方对你也有好感，那么两情相悦的概率就会很大，如果对方对你没有丝毫感觉，那么基本上只能一厢情愿下去了。

老白表白过，只是失败了。但他又不肯去喜欢别人，所以只能继续一厢情愿地单方面喜欢着。

苏瑾也鼓起勇气表白过，但是学长以要出国留学不谈恋爱的理由拒绝了她。这对老白来说是一炮双响的好消息，一是在苏瑾伤心之际，他可以充当情感治愈师，这样就能培养好感了；二是苏瑾表白失败，但她暗恋着学长，不会与其他人谈恋爱，这就堵死了苏瑾的道路，一直单身。那么老白的机会就会无限放大，情感培养加上机会无限扩大，总有一天会成功的。

普遍情况下，痴情的男人一般都比较丑，老白其实不丑的，不仅不丑，还算得上是一个帅哥。这就是我一开始不爱跟他交朋友的原因，容易吸引我身边女孩的注意力。后来跟他成为要好的朋友，我才发现他对苏瑾的感情坚如磐石，这样他就不会对我造成"威胁"了，我顺便还能沾沾他女人缘的光。

像老白这么痴情还这么帅的人不多见了。

见苏瑾表白失败后，老白立马行动，到学校超市买了两大袋零食。这是老白的泡妞秘籍，据他观测，送女孩东西会显得太庸俗，而且还有可能被拒绝。但是如果送零食，就会很大程度地被接受，只要女孩一接受，那么你就成功了一半。

老白拎着两大袋零食到苏瑾寝室楼下，拨通她的电话，第一遍没人接，第二遍第三遍第四遍仍旧没人接，老白坚持不懈继续拨第五遍，苏瑾终于接了，大喊："你有完没完烦不烦啊？"

老白听到苏瑾的声音，虽然是骂自己，但是心里还是非常激动，他说："我给你买了一些零食，你下来拿一下吧，可以的话，咱们可以到操场一边聊一边吃。"

苏瑾没再说第二句话，啪嚓挂了电话，老白再打过去对方已经关机了。

老白就在楼下一直等着，等了很久碰见苏瑾同寝室的姑娘回来，立马拦上去，恳请人家把零食给苏瑾带上去。同寝室姑娘说苏瑾正伤心，而且特别怕胖，所以她不会吃的，不如给她们分了吃得了。老白无奈道："你带上去吧，如果苏瑾不吃你们就分了吃吧。"

大三那年，老白又一次表白了，他都记不清是第几次表白了。一个周末，老白打扮得有模有样，头发梳得一丝不苟，我调侃老白："去相亲啊？是不是想开了，不在苏瑾这一棵歪脖树上吊死了？"

老白笑骂："瞎说，苏瑾是一朵玫瑰，一朵对于我来说独一无二的玫瑰。"

老白奔去了机场，那天正是苏瑾喜欢的学长出国留学远走高飞的日子，苏瑾去送他。老白知道后打算去接她。等老白到了机场的时候苏瑾已经把学长送上飞机了。苏瑾没有理他，走在前面，老白就跟在后面，默不作声。

一直回到学校，苏瑾突然转身，问："你老跟着我干吗？"

老白说："我是怕你伤心过度做点什么事儿。"

苏瑾说："能发生什么事儿啊，我最多发奋图强也去留学。"

老白傻在了原地，原来她对学长的感情那么深，一如自己对苏瑾的。老白明白了过来，自己多虑了。然后老白转身走了。

在大四毕业那年的狂欢夜里，班里所有人都喝高了，有因伤感喝多的，有因离开学校不舍喝多的，更多的是因为失恋喝多的，包括那些还没有开始就结束了的感情。

其中就有苏瑾，当时我们围着一张大圆桌吃饭，苏瑾喝着喝着就哭了，特别失态，老白就站对面看着，根本不敢上前。

突然，苏瑾捂着嘴就往卫生间的方向跑，估计是去吐了。

大概过了一圈儿酒的时间，苏瑾还没回来，老白拍拍我肩膀向着卫生间走去。

就是那一晚，他们在一起了。

老白到女卫生间门口等了很久却不见苏瑾出来，又喊她名字，没人应声。于是拜托服务员进去找，没有人。老白出了酒店，在路边的一棵树下发现了苏瑾，她蹲在那里，头埋进膝盖里。

老白走到她身边，就那么安静地站着，不打扰苏瑾。

苏瑾哭了一会儿，发现身边的老白，于是问道："你为什么那么喜欢我？不知道我不喜欢你吗？"

老白说："知道啊，那你为什么那么喜欢学长啊？不知道他不喜欢你吗？"

苏瑾说："知道啊。"

然后俩人笑了，无奈地苦笑。

过了很久苏瑾说："值得吗？其实你比我幸运，我没有等到他，而你等到我了。我想明白了，不等他了。"

老白反应了足足两分多钟，才明白过来苏瑾答应跟他在一起了。

老白抱着苏瑾，原地转了十几个圈儿，晕头转向，就跟做梦一样，那一刻老白觉得是天底下最幸福的人。

老白拉着苏瑾的手，回到我们所在的包厢，向所有人大声宣布，他们在一起了。

所有人兴奋极了，又开了一箱酒，算在了老白头上。

毕业后的第二年，老白和苏瑾依旧在一起，老白依旧那么爱她。

一个大晴天，苏瑾给老白看了一条信息，上面写着：我回国了，为你回来了。

老白不用看名字就知道是谁。他问苏瑾什么意思，苏瑾摇摇头说不知道。

自那以后，老白消失了大概三天，所有人都找不到他，苏瑾差点报警。

老白回来的时候胡子拉碴，似乎没睡过觉也没洗过脸。我把他接到家里问他去做什么了，他回答去找答案了。

老白说苏瑾一定很痛苦，就像他一样痛苦，他爱苏瑾，所以见不得她痛苦。与其让苏瑾纠结在俩人中间，不如他帮苏瑾做一个决定。

老白的决定是离开苏瑾，让苏瑾回到学长的身边，就像当初他跟心爱的苏瑾在一起后觉得是天底下最幸福的人一样。在爱的人身边一定是最幸福的，更何况那个人现在是冲着苏瑾回来的。

老白说："如果可以选择，我宁可没幸福过。这样两个人就不必这么痛苦了，这样苏瑾的抉择就不那么艰难了。"

我拍拍老白的肩膀："像你这么痴情的人不多见了，人家痴情都是自私的、固执的，你痴情呢，竟然是无私的、傻缺的。"

老白看着我特别真诚地说："真的，我想清楚了，我这样做不后悔，我爱苏瑾，我希望她幸福。"

我把手机从口袋里拿出来，放到老白面前，上面是跟苏瑾的通话，刚才我们的谈话苏瑾都能听得见。我起身把门打开，苏瑾进来，我闪到门外，把空间留给他们。

虽然不知道他们那天聊了点什么，但是看到他们像往常一样手拉着手出现在朋友们的面前，心里还是暖暖的。

苏瑾做出了她最幸福的选择，老白仍旧是那个最幸福的人。

男人的爱有时候比女人的爱还要刻骨铭心，他们给予的爱带着坚韧、宽容、无私、纯粹的成分，最终的追求便是自己爱的人能成为天底下最幸福的人，哪怕他们自己不幸福，也觉得值得。

〔男人的浪漫
究竟是什么？〕

　　大学时候，宿舍里有个哥们追女孩闹了个笑话。不知他从哪里看的恋爱秘籍，说女孩要浪漫，唯有浪漫才能捕获芳心。然后这个哥们就写了一首情诗，三十多行，辞藻华丽，不知所云。他认为，浪漫嘛，应该是这样的，云里雾里就对了。

　　这哥们拿着情诗就去表白了，换来的却是人家姑娘的一个白眼。

　　回到宿舍，哥们问我们这是什么意思？

　　我苦口婆心地教育他，都成年人了，还玩过家家呢？送情诗早就止步于中学时代的早恋了，人家姑娘如果收了你的情诗，回到宿舍被姐妹们一问收到什么礼物了，姑娘说一首情诗，非得笑掉大牙不可，多抠门多寒酸。研究表明，二十岁以上送情诗当作礼物的表白，恋爱成功的概率几乎为零。

　　后来这哥们又看上了一位姑娘，正赶上情人节，再次打定主意，趁着情人节买个礼物去表白。这次哥们学聪明了，花大价钱在无印良品买了一个加湿器，送给那个有好感的女孩，说这个季节宿舍里挺干燥的，这个加湿器可以带给你湿润的氧气。女孩十分感动，再三感谢后拒绝了他。

哥们回到宿舍坐在床铺上闷闷不乐，嘴里念念有词："她说我不浪漫，她竟然说我不浪漫，我浪漫写诗的时候给我一白眼，我这次送货真价实的礼物而且是为她着想的礼物竟然也说我不浪漫……"

我在边上听了好久，才厘清他断断续续的意思。

我告诉他，姑娘的情人节要的浪漫无非就是一起在环境好一点的餐厅吃个晚餐，然后看个电影，没经济条件的就在学校里逛逛，最好为她在操场放个烟花。

哥们表示不理解。

其实有很多男人不理解姑娘对浪漫的界定，觉得她们想要的浪漫往往是在一个范围里飘忽不定、变来变去的。有时候同一件事只因不同的场合或者女孩不同的心情，就可以判定为昨天你这样做浪漫，今天你这样做不浪漫。

我写情感专栏后收到一封邮件，信里的姑娘说男朋友是个理工男，一点都不浪漫，觉得这场恋爱谈得枯燥无味，该怎么办？分手还是不分手？

我回信问她："你觉得他爱你吗？"

她说："挺爱的，什么都让着我，也挺照顾我的，我知道他挺爱我的。"

我又问她："如果他浪漫起来了，你是不是就不会有这样的情绪了？"

她说："当然了。"

我说："其实男人的浪漫是不一样的，他不是没有浪漫而是他的浪漫你不知道罢了。"

她问："那么，男人的浪漫究竟是什么呢？"

我没有直接回答她这个问题，而是让她回想一下在与他相处的日子里，他做了什么事情让你觉得他爱你。

不久她回复了我：

"有一次他去我们学校找我，我们两个学校距离特别远，公交车需要将近两小时，几乎是横穿了一个城市，那时候天特别冷，他在来的半路上下起了雪，他到了学校我还在上课，需要等我半个小时，等我下课才知道，他在外面冻了半个小时，给我堆了个雪人，他说'这个雪人要化的话且得四五天呢，这样我回去了雪人还能陪你。'说实话当时挺感动的，我觉得他挺爱我。

"还有一次，我们一起去别的城市玩，二十个小时的火车折腾得够呛，到了地方放下行李我就拉着他去玩，一直到晚上累得一步都没法走了，然后打车回酒店。我这人睡觉择床，换了地方睡不着，他就陪我说话给我讲故事，我知道他累了，但是他坚持着，中途他呼噜起来过好几次，打着打着就又突然醒了，接着给我讲。直到第二天早上六点我才撑不住终于睡了过去，但是只睡了两个小时就醒了，醒来一看他不在房间，给他打电话，可他的手机却落在房间里，就在我着急的时候他回来了，我问他干什么去了，他说去楼下餐厅吃早饭了，不忍心叫醒我就从餐厅'偷'了一些吃的回来。他把面包、鸡蛋用塑料袋包起来，放进怀里偷偷带回来。他说这样保温，我胃不好，吃不了凉的。我虽然觉得他这个行为挺傻的，但还是很感谢他。"

我告诉这位姑娘，这就是他的浪漫。

就像我大学那位哥们，他做的两件事情不浪漫吗？或许在女孩的眼里，一点都不浪漫，甚至还很无趣。其实，在他的理解里，他已经尽量去浪漫了，而做的这一切就是他所认为的浪漫。

男人的浪漫是真实。

哥们开始送情诗，他以为浪漫只是一个形式，于是他用情诗的形式表达自己的真实想法——对她的爱意。后来他以为送礼物，只要是不抠不寒酸的礼物就是浪漫，于是他买了一样觉得对方此时此刻需要的礼物。

这些所作所为都是他所认为的浪漫——实际的行动，真实的需求。

女人想要的浪漫是在冬天的一场雪里，你们站在外面看雪，周围霓虹闪烁，再来点音乐，两杯红酒对饮，说点情意绵绵的话，然后拥抱……那么男人此时此刻认为的浪漫是什么呢？是握着你的手；是把围巾给你围好，是把外衣给你披上；是给你拥抱。这些就是男人认为的浪漫，他的一切出发点都是为了你，怕你冷。

当然女人也有实际的浪漫，比如买买买。这一点也非常巧，也是男人所认为他对你的浪漫，不过不是给你买买买的过程，而是你拿到想要的东西那一刻脸上绽放的笑容，那才是男人认为的浪漫。

所以，男人是懂得浪漫的。他们费力、用心地去给你浪漫，只是他们认为的浪漫跟你认为的浪漫有所偏差。

不要再否认他的浪漫，因为"真心"才是这个世界上最浪漫的浪漫。

〔他都瞒了
你些什么？〕

　　事情的开端是好朋友粽子加班撒了谎，被女朋友识破。并不是粽子没有加班，而是他跟一个女同事一起加班，要加到第二天早上，但是粽子告诉女朋友是跟一个男同事一起加班的。

　　粽子这样说的目的并不是跟女同事有什么，而是怕女朋友瞎担心。因为之前就发生过类似的一件事儿：也是粽子加班，跟一个男同事和三个女同事，告诉女朋友后，女朋友直接冲到公司陪粽子加了一宿班。

　　这次粽子决定瞒着女朋友，告诉她跟一男同事加班，这样就可以避免一些不必要的麻烦。

　　奈何女朋友太聪明，还是发现了。

　　女朋友给粽子发了条信息：加完班早上记得吃早饭。

　　粽子的手机放在桌子上，他正在茶水间冲咖啡。女同事在办公室喊他女朋友来信息了。粽子问说的什么？由于手机屏可以预览信息女同事扫了一眼说："提醒你吃早饭。"粽子说："你帮我回复一下。"

　　等粽子冲完咖啡，刚坐到座位上没半小时，女朋友就冲进了公司，看到办公室孤男寡女共处一室。

粽子傻了，根本没明白过来是怎么一回事，女朋友转身就走。粽子这班也加不成了，赶紧追了出去。

后来我问粽子的女朋友是怎么觉察出不对劲的。他的女朋友说："粽子通常只回复两个字'好的'，可是那天回复的信息却是'好，我知道了~'，我一看就知道这绝对不是粽子回复的，而且认定是一个姑娘回复的，只有姑娘发信息聊天才用小波浪（~），然后就直接冲到了公司，果不其然。"

粽子跟我倒苦水："看吧，这就是麻烦，瞒也没瞒住，且瞒得住还是瞒不住都是麻烦。你知道吗，我反复解释了八天，她才给我好脸色看，而且我现在每天得把她当老佛爷一样供着，弄得现在我觉得自己就是个太监。你是不知道，现在虽然和好了，但是她天天逼问我还有什么事儿瞒着她，我说没有她还不信，非得让我说出个一二三来……"

粽子女朋友逼问粽子不成就来逼问我，我说我也不知道，她更不信，说狐朋狗友之间最擅长相互保密做伪证了。

最后她也没办法，便问我："这样你告诉我，你们男人都喜欢瞒着女人些什么？你概括性地告诉我。"

为了维持跟粽子他俩良好的革命友谊关系，我还是"招了"。

情史

情史这件事儿，其实无论男女都会有所隐瞒，尤其是那些情史丰富的，交代的时候必须是打折说的，有的打八折，有的打七折，有的打五折，有的打一折。

如实交代的话，要么就是情史过于简单，要么就是脑子里掺浆糊了。

有个朋友特别没心眼，人家管那叫真诚相见坦诚相待，交了女朋友后，女朋友问他之前谈过几次恋爱？

朋友掰着手指头数了一下说，刨去暗恋的，没结果的，有八次。

女朋友一听，刨去了那么多还有八次呢，就问他都算上有多少次。

朋友说，有的记不太清了，暗恋和没结果的都算怎么也有十四五次。

女朋友听了倍儿生气，搁谁谁不气。

生气的代价就是哄呗。在以后的日子里女朋友还经常拿这事儿呛他。

朋友也问过女朋友有过多少次恋爱，女朋友说就两次。朋友听了特别高兴，还特意弄了一桌大餐庆祝。

过了好久，朋友才知道，她把暗恋的、没有结果的、青春期以前的、大学以前的，甚至半年以下的都隐去了。

然后生了一肚子闷气。

还有交代情史的过程中急了导致分手的。听朋友讲过类似的情况，大抵是男方交代出来的其中一位前任是现女友认识的，且现女友极其讨厌那个姑娘，然后说男朋友没品位，骂男朋友的时候把自己也骂进去了，意识到自己骂了自己更不爽了，两人就开始吵，吵着吵着就分手了。

总之交代情史这事儿，轻则生气，重则分手，劝君谨慎。

前女友的细节

比情史次之的便是有关前女友的细节。其威力也是毁灭性的。

且不说男朋友不隐瞒这些细节会让女朋友多生气，他们想隐瞒另有其他原因，比如他曾经对某一任女朋友做过的傻事蠢事，并不是仍对前女友念念不忘，而是对当年幼稚的行为难以启齿，说白了是某种程度上的害羞。

他会想：多傻啊当时，可不能让现女友知道，吃醋不说，毁了我形象是大事儿，以后还怎么在现女友面前抬起头来。

然而现女友对现男友的前任是充满着无限好奇心的，总能让现女友找到机会打探出一点信息，更有甚者给男朋友下个套，弄个语言陷阱，聊着聊着就把男朋友带进了前女友的话题中，一点一点挤，天长日久，女朋友把从男朋友那里一点一点套出来的前女友信息一拼凑，一琢磨，完了，该起纷争了。

举一个争吵的例子：

女："你不是说早就忘干净她了吗，为什么还要借钱给她，是不是对她还心存幻想，想着再续前缘？"

男："我哪借了，刚才不是假设嘛？你问我如果前女友找我借钱，特别急的事儿，生病啊之类，问我会不会借，我说江湖救急嘛，就借一下也没什么问题，你怎么当真了呢？"

女："你说出来了，你会借，这就是事实，真等那天就会变成事实。"

男："那万一人命关天，我不能见死不救吧？"

女："她有爸妈兄弟姐妹好朋友呢，还有现男友呢，哪轮得着你借钱给她，你就是对她还有想法。"

男："我真没想法，我现在唯一的想法就是消失。"

女："看吧，你都没脸见我了吧，还消失，你就是嫌我烦了呗，想溜了呗，你走啊，走啊。"

男："我真没有，我错了好吧，我收回刚才的话。"

女："什么叫错了好吧？错了就是错了，还好吧？态度一点都不端正，道歉一点都不真诚，你根本没有意识到你错了。"

男："我真错了。"

女："你还拉长音，听你的语气有多么不情愿啊。"

男："……"

哇，头好大，这是所有男人都恐惧的地方。所有这些都是他们能瞒则瞒的内容，而瞒着的目的不是心存幻想再续前缘，而是有嘴说不清。

交际朋友

男性的交际面要远远广于女性，他们并不需要把每一个结识的朋友都做出汇报。因为，有些朋友仅仅是认识了，但可能这辈子都不会见第二面，有些朋友连他们自己都不喜欢，何来见面？

所以，男人并不是每一次认识新的朋友都会告诉你，你也不必因为这方面心存芥蒂。

小栗子是我们这圈儿人里工作成就最高的，两年的时间在一家还不错的传媒公司爬上了艺术总监的职位，接触的人也杂七杂八，经常是转脸就忘了，加了微信对不上号。

有段时间，小栗子给公司的一个大型活动找赞助，应酬特别多，酒量也是那个时候练出来的。每次小栗子打电话给女朋友（确切地说应该是未婚妻，他们几个月前已经订婚了）说晚点回去，在外面见一个客户，女朋友问什么客户？小栗子在脑子里过了一遍今天要见的是谁来着，迟钝了几秒想起来才回答。

或者，周末小栗子加班，女朋友问去干什么，小栗子说见个朋友，女朋友问什么朋友。小栗子说就是一个朋友，天知道什么朋友，都忘记怎么认识的了。

小栗子说的是实情，见的人多了，难免记不住，而且多半是利益关系，能真正成为朋友的少之又少，所以一般都懒得去记，每次都得翻一遍名片才能想起来是谁。

但是到女朋友这里就不是这么回事了，女朋友怀疑小栗子出轨了，而且不止一个，她怀疑的理由便是每次追问小栗子跟谁见面的时候，小栗子都会犹豫半天，支支吾吾的。她觉得肯定有事儿，且每次说的都不一样，有时候一天问他两遍，他的回答都有出入。

小栗子女朋友偷偷翻过他的手机，发现都是一些工作上的事情，没有发现任何蛛丝马迹，最后实在没办法了，直接去问小栗子究竟出轨没？

小栗子哭笑不得，跟女朋友解释了半天，女朋友仍然放心不下。

小栗子发现了这一点，于是在见客户的时候偶尔会带上女朋友充当自己的助理，就是为了让她安心。

她过了很长时间才理解了男朋友结交新朋友为什么不跟自己讲。

借钱给别人和袜子破了一个洞

男人是一种好面子的动物，身上常常被贴着慷慨、大度、不拘小节等良性的标签。

然而标签会把人限制住。

通常来讲，男人之间借钱，只要关系过硬都非常好借，数目大一些也非常爽快。好朋友嘛，借钱而已，关系好、发小、过命等关系有时候还真是女生理解不了的。

就像我们男生，比如高中寄宿制的，在学校吃住，一个人饭卡里没钱了或者手里的钱用来打游戏花光了，接下来的一个月就只能饿肚子了，怎么办？不好意思跟父母要，肯定挨骂，好兄弟知道了一准儿说："这个月跟我吃吧。"

这个月两人花一张饭卡，分一张饼，深夜泡面，没热水的时候用凉水照样泡面，然后你一口我一口，他多吃口面，你多喝口汤。

这些都是不用还的，如果下个月你富裕了要还他钱，他一准儿跟你急，觉得你不拿他当兄弟。

稳妥的做法便是："嘿哥们，跟弟弟一起到食堂后面开小灶吃小炒去。"

长大了也一样，打电话给好哥们："干吗呢？最近手头宽裕不，我这个月工资晚发半个月，救急啊。"

或者一个电话过去："兄弟，你得帮我啊，我刚谈一个女朋友，这个月手里没多少钱，资助哥们儿点？"

放下电话不到五分钟，你就会收到支付宝转账信息。

所以，借钱，没问题。可能要晚些时候还了，也没问题。

如果其中一方有女朋友就会产生一些问题。

比如女朋友会担心男朋友借出去那么多钱会不会收不回来了呀？关系真的特别好吗？要是最后还不上怎么办？

因此而产生一些不必要的麻烦与误解，一句"他是我好朋友好哥们好兄弟"她根本就理解不了其中的含义。

只好在借给哥们钱的时候瞒着女朋友了，不然女朋友知道后又该瞎担心瞎质问了。这样既能维护自己大男人、大度、慷慨、爷们的面子，又能避免与女朋友的摩擦。

再次说回男人身上标签的问题，除了一些正面的标签还有一些负面的标签，譬如不讲卫生、懒、粗心、不爱洗衣服，等等。

如果谈恋爱的时候男生脚上的袜子破了一个洞，他绝对会隐瞒。不然不仅丢了面子，也暴露了不讲卫生以及懒等负面标签形象。

有个朋友就曾经因为袜子破洞的问题而错过一次绝佳的机会，那是他刚谈恋爱不久，正苦于如何跟女朋友进一步发展，老天开眼给了他一次机会，女朋友把钥匙锁家里了，晚上回不去了，朋友跟别人合租，也不能去他那里，没有地方，也就只能去酒店了。

就这么一次赤裸裸的机会，朋友却生生错失了，原因便是他当晚穿的袜子破了洞，不是一个洞，而是三个洞，所以他也不敢带女朋友去酒店，一旦没藏住被发现脚上穿的袜子破洞，那就太难堪了。

他只好帮女朋友叫了开锁公司。弄得女朋友一直觉得他不是正人君子就是身体有问题。

男人会因为面子以及身上特定标签的问题隐瞒很多东西，借钱和袜子破洞只是其中的两小点罢了。

他瞒着你也许仅仅是因为面子而已，无须多心。

对其他异性的好感

我们对一个人产生好感，往往就在电光火石之间，也许因为对方的一个动作、一句话，甚至一个眼神。

当我们对一个人产生好感的时候，便情不自禁地想接近他/她。心静下来的时候我们还会想要不要去认识他/她，我对他/她的感觉究竟是哪一种感觉？一见钟情？是爱慕，还是欣赏？

如果此时此刻你恰好有男朋友或者女朋友，你还对另一个异性产生了好感，你会怎么办呢？

如果是男生的话，他首先肯定会选择瞒着女朋友。因为他要先自己搞清楚，搞清楚这只是没由来的惊鸿一瞥还是真的动了心。

当他搞清楚后仍然会选择继续瞒着。茫茫人海里的惊鸿一瞥，再也不会相遇，也不会想与之再相遇。这根本不是动心，没有任何结果，过去就过去了，地球继续转动，生活继续前行，没有谁会妨碍谁，就那么错过挺好的。

根本无须告诉女朋友，难道非要跟女朋友说："亲爱的，我那天碰见一个姑娘，那一瞬间真是美翻了，简直是怦然心动。"这不是没事找抽型的吗？

如果是真的心动了呢，当然也会瞒着，跑过去告诉女朋友我新爱上了一个姑娘，那更是没事找抽型的。

以上基本都是冲动使然，他会让时间去冲淡一切，该上班上班，该下班下班，该爱女朋友仍然会爱女朋友，就像那天什么都没发生一样，那个让他心动的姑娘不会主动冲进他的生活，他也不会主动把她拉进生活里。

对，一切就像没有发生过一样。

街上的这个姑娘比你漂亮

走在大街上你问他前面走的姑娘好不好看？

正常的男朋友一定会回答："就那样吧，我觉得不怎么好看，不如你好看。"

你说："她的背影好漂亮啊，一看就特别有气质。"

他说："脸丑啊，肯定的，不信打赌。"

你心里非常开心，即使你知道你不如前面的姑娘漂亮，你还是会选择去相信男朋友的话，即使他骗了你，你还是会接受这个欺骗的。

对于男人来讲，他一定是要瞒你的。没有正常人走在街上看到一个靓妹然后对身旁女朋友说："你看那边那个姑娘，真漂亮，比你漂亮多了。"

女朋友一准不高兴。

这样的话情商就太低了。

当然也有因他瞒你骗你而生气的姑娘，她会指着街上比自己漂亮的姑娘故意问男朋友："你觉得我们俩谁好看？"

男朋友说："当然是你好看。"

女朋友说："你都没仔细看，怎么就知道她不如我好看。"

男朋友说："我自己仔细看你了啊，看不看她不重要，你好看。"

然而女朋友就生气："哼，虚伪，敷衍，在你心里就是她比我好看。"

他瞒你骗你，一是对你的爱，二是情商高，保护你们的感情，三是他真的爱你，你在他心目中是最合适的最漂亮的。

姑娘啊，他瞒你不是骗你，更没有任何欺骗你的意思。他瞒你一些事儿，是为了给复杂的生活做减法，让你们爱情更简单纯粹一点。

私房钱

那天我们聊了一个男女都非常重视的话题，但是这个话题绝对不能让女朋友知道，那就是——私房钱。

经过我的长期研究，酒吧里一撮人中间，至少有一人是"妻管严"。他从一开始谈恋爱的时候就上交了银行卡，手里就算有卡里面的钱也不会多，估计卡上还有转存业务，也就是当男朋友的卡里的余额超过五百元时，超出的部分就会立刻自动转存到女朋友的卡里。

然后，这一撮人里的"妻管严"出现在酒吧基本是来蹭朋友酒喝的，朋友们倒也乐意他蹭。"妻管严"，必定会藏私房钱。我们这一撮人里袋熊就是一个十足的纯正血统的"妻管严"。

　　但是，袋熊是不贪杯的，不然他女朋友也不会放他来酒吧。

　　袋熊的私房钱不会藏在鞋底、袜子里、床底下。他有一套自己的私房钱体系。他不藏，他正大光明地理财。袋熊会向女朋友申请一些钱来进行理财，这样这些钱就成为袋熊的固定私有财产了，可以进行自主支配，平时赚的微薄的收益足够他买包烟抽。

　　袋熊的女朋友是不懂理财的，她觉得反正钱放在那里又不会少，她会定期查看，还能赚一点，赚一点总比不赚强。

　　所以，私房钱被袋熊偷换了一个概念，他给女朋友灌输了一种理财赚钱的概念，袋熊得到本金后确实拿去理财了，但是，这部分钱被视为是他的私房钱，正大光明的私房钱。

　　对于私房钱这件事袋熊还有一步做得极其聪明，他会用长期积累下来的赚头买礼物送给女朋友。

　　这样两人双赢，女朋友还不停地追加袋熊的本金。

　　其实男人藏个小金库真心不容易，也真心没什么。

　　都说女人的安全感来源于物质，其实，男人的安全感才更多地来源于物质，比如金钱。

　　私藏小金库向来是男人的传统，他们藏小金库的目的很单纯也很光明磊落，就是有一部分高度自由支配的资金。

　　有小金库的男人，每天充满了自信，出门上班自信，如果没赶上车可以打个车去；楼下便利店买包烟自信，再也不用看老板蔑视的小眼神儿了，"老板，今天给我来包二十元的烟"；恋爱也自信，今天纪念日或者今天女朋友生日，挑礼物，订蛋糕，预约高级餐厅；工作也舒心，公司的破键盘鼠标太难用了，敲个工作日志都累得手疼，而且反映几次公司还不给换，行吧，自己换，买一套好点的，还能用来玩游戏。

没小金库的男生们可就有点惨了，早餐都得考虑一下，是五块钱的煎饼还是去吃个套餐？

碰上女朋友生日得提前两个月从牙缝里挤。

兜里没钱心里没底，打个车都得时时刻刻盯着计价器上的数字，超过五十就得赶紧下车了。

小金库充其量就那么几百元，撑死上千元，根本干不了什么，也包养不了别人，连开个房都不够，你担心什么？他能做什么坏事儿？

他就是单纯地想抽包好烟，跟朋友一起出去的时候能多点一盘凉菜。

后记 /
姑娘，唯有爱自己多一点

2015年11月11日凌晨4点，我敲完本书正文的最后一个字，终于轮到后记了。这个夜晚大家似乎都在网购的狂欢中度过，而我在写稿中度过，这么想来，我这个夜晚过得好有意义。

本书写了很多从男人的角度怎么看待爱情的内容，以便姑娘更好地与另一半谈恋爱。

当初为什么要写这样一本书呢？也算一个无心之举，先是收到很多有关恋爱问题的邮件——多半是女生发来讲男朋友怎样的，多么烦，多么坏，多么渣，不少人都会在结尾问一句：你说男人们究竟怎么想的？

后来呢，身边的朋友们开始陆续失恋。我发现，原来即使是恋人，男女之间也存在很大的差异。

当然我自己也遇到过这样或那样的问题，后来平静下来一想，跟女朋友一沟通，发现了很多恋爱中男女思维不同的问题，这才促成了本书的写作初衷——既然做不了超级英雄拯救世界，那就做一个恋爱大潮中奋力向前游的一员，把发现的问题告诉周围冲浪的你们，拯救恋爱。

合上电脑，打开手机打算刷社交软件上的八卦，无意间看到初恋姑娘两年前的签名：姑娘，唯有爱自己多一点。

我记得这句话是我曾经劝过她的。

她是我老家的邻居，一个既善良又无私的姑娘，我喜欢称呼她为初恋姑娘。因为她的初恋太刻骨铭心了。

她的初恋是从初中开始的，确切地说应该是暗恋。

跟大多数人的青春差不多，初恋姑娘暗恋上了前桌学习优异好看干净的男生，他有个绰号叫作篮板男孩。因为他发育得比较早，个子很高，在篮球队里篮板抢得很漂亮。

差不多全国的中学都一样，明令禁止早恋，再加上初恋姑娘的胆怯，一直到初中毕业都没敢跟那个男生表白。可是初恋姑娘默默地给他写了两百多封没有署名的信，把她对他想说的一切都写了进去。

记得毕业的时候初恋姑娘笑着跟我说，如果她能跟篮板男孩考进同一所高中就拿着这两百多封信表白，肯定能成，这叫精诚所至金石为开。

后来，我们都考进了同一所高中，可是没来得及初恋姑娘表白，篮板男孩就有女朋友了，是校啦啦队队长。人长得好看腿也长，初恋姑娘一度很自卑。

高中三年，初恋姑娘又默默写了两百多封信。不过有进展，俩人成了好朋友。

我问初恋姑娘为什么不让他知道你很喜欢他呢？

初恋姑娘说人家有女朋友，这样多不好。

然后，一直到大学，刚开学篮板男孩和啦啦队队长由于不在同一所学校分手了。初恋姑娘紧跟住了篮板男孩的脚步，本以为机会摆在面前了，可是一转身发现篮板男孩牵上了学姐的手。

篮板男孩还跟好朋友初恋姑娘分享他的喜悦，说是对学姐一见钟情。

初恋姑娘笑着祝福他们。

光我知道的，初恋姑娘借给篮板男孩开房钱就有五六次，还有篮板男孩与学姐无数次的吵架后，初恋姑娘怕篮板男孩没胃口吃不下饭，就费尽心思在网上学做各种便当且送到他的面前。

简直就是亲妈！

学姐与学弟的爱情大多命途多舛吧，不到一年俩人分手了。这次，初恋姑娘把握住了机会，在陪篮板男孩借酒浇愁的时候说，别伤心，不就一个姑娘吗？有的是，比如你面前这位，我不至于太差劲吧，我把我自己赔给你？

喝得迷迷糊糊的篮板男孩与初恋姑娘携手奔了如家。

大三后半年，俩人开始同居，初恋姑娘洗衣做饭收拾家务，交房租交电费交水费网费，从一个青春少女变成了一个操心的老妈子。

大四实习期的时候，初恋姑娘先找到一份工作，篮板男孩觉得公司都不如意，赋闲在家。初恋姑娘每个月的工资都舍不得给自己花，交完房租以及各种费用剩下的钱都给他买好衣服和有营养的食材。

她说男人嘛不能穿得太寒酸。

而我们旁观者看到的却是初恋姑娘付出了所有的爱，甘心为他鞍前马后从无怨言，而篮板男孩并不出去找工作，分担一下初恋姑娘的压力，而是每天跟大学同学去喝酒，一起打游戏。

　　他觉得工作不爽、不适合他、一点都不满意，初恋姑娘的工作就很舒服吗？天底下的工作没有一样是不辛苦的。初恋姑娘加班熬夜做表格的时候，他并没有多关心。

　　最后的毕业，初恋姑娘帮他完成了他的毕业设计，让他顺利毕业，然后主动提出了分手。初恋姑娘写过的将近五百封信都被自己亲手烧掉了，算是跟过去那个傻姑娘说了一声决绝的再见。

　　初恋姑娘跟我说，一个男人爱不爱你，其实一眼就能看出来，这十年来他没爱过我，我可以傻十年，但是不能傻十一年。

　　初恋姑娘卑微的爱，终于让她醒悟到连自己都不爱，奢求不了别人来爱你。

　　毕业后的初恋姑娘工作转正，生活也转正了。她又变回了那个青春少女，工资舍得花在自己身上，高档护肤品重新摆上了桌子，漂亮衣服重新塞进了衣柜，还能余下一部分钱。

　　那么，到底什么叫作爱自己？

　　初恋姑娘用了十年才明白这个道理，希望对你有所帮助。姑娘就应该多多爱自己：周末的早晨睡到自然醒，给自己做一份营养的早餐，一定要吃早餐，如果懒得做那就去买一份，不要太油腻。

　　看看书听听音乐，找朋友聊聊天，逛逛街。让那些漂亮衣服激励自己去更努力，让那些漂亮衣服约束自己一定要保持住好身材，不为别的，不为任何男人，只为自己走在街上自信。

你不用觉得不好意思，爱自己并不是一件自私的事儿，只有成为最好的自己才能更好地去爱他人，才能更好地赢得别人的爱。

　　其实不光是姑娘，所有的人都应该爱自己，善待自己，才能拥抱美好的明天，才能拥有美好的明天。

**　　确切地说，只有当你意识到要爱自己，你才会更加了解自己，了解自己之后也就会更清楚明天的自己将会去哪里。**

　　然而需要我们清楚的是，爱是悦纳不是苛求，爱自己是一点点认识自己，一点点做最好的自己，而不是苛求自己成为一个完美的人。

　　只有这样，所有的爱自己才有意义。

2015.11.11

奔放的招财猫